自然科學概論

編著者

李大維　王文瑞　徐惠麗　梁炳琨

東華書局

國家圖書館出版品預行編目資料

自然科學概論／李大維等編著. -- 初版. --
臺北市 ： 臺灣東華, 民 91
  面； 公分

ISBN 957-483-168-X（平裝）

1. 科學

300   91017474

版權聲明

書中所使用之照片均為各章作者自行拍攝。
圖 5-17，5-18，5-21，8-3，8-5 由劉東明提供。

版權所有・翻印必究

中華民國九十一年十月初版
中華民國九十四年十月修訂版(二刷)

自然與生活科技
（自然科學概論）

定價　新臺幣參佰貳拾元整
（外埠酌加運費匯費）

編 著 者　李大維　徐惠麗　王文瑞　梁炳焜
發 行 人　卓　　　鑫　　　淼
出 版 者　臺灣東華書局股份有限公司
　　　　　臺北市重慶南路一段一四七號三樓
　　　　　電話：(02) 2311-4027
　　　　　傳真：(02) 2311-6615
　　　　　郵撥：0006 4813
　　　　　網址：http://www.bookcake.com.tw
印 刷 者　正　大　印　書　館

行政院新聞局登記證　局版臺業字第零柒貳伍號

編輯大意

　　本書之編輯係參考教育部頒布之大專院校「自然科學概論」課程大綱，並予以酌加增刪而成，全書共計八章，可供「自然科學概論」、「自然與生活科技」等相關課程之一學年，每週二小時教學之用。

　　本書編輯之目的為：

1. 使讀者藉由自然科學之學習過程而培養其理性的思考、判斷能力，並進而以科學的態度來觀察周遭事物、以科學方法來處事。
2. 經由科學知識及科技新知的獲得，使讀者擁有身為一個現代國民應具備的科學素養。
3. 由環境保護及自然保育，使讀者瞭解人類對地球環境及生態造成的破壞，並知道人類應負起的環境保護及維護生態平衡的責任。

　　本書之特點為：

1. 生活化及實用化：書中避免過多艱深的理論、公式，而盡量以生活中常見的自然現象為主題，並將之與生活應用結合，使得科學的學習增加親切感而減少隔閡感，達到生活化、實用化的目標。
2. 本土化與國際觀：書中盡量以讀者日常看得到的本土化題材來引起學習興趣，但對於國外重要的發現、新科技亦予以引介，

以擴展其視野。
3. 在各章節中重要的專有名詞均以楷體字表示,並附有原文;在適當位置亦附有插圖或表格以輔助課文之解說,使版面更生動美觀。
4. 在各章最末均配合課文內容而附有習題,可供課後測驗或家庭作業,以評量學習成效並培養思考能力。

　　本書之編輯係由諸位作者根據多年教學經驗合力完成,在資料蒐集、內容撰寫方面均力求謹慎,若仍有需加以斟酌、修改之處,尚祈各界先進不吝予以指正,以便再版時能改進,謹此致謝。

編者　謹誌

目　錄

第一章　緒　論　　　　　　　　　　　　**1**　李大維
1.1　自然科學的起源　　　　　　　　　2
1.2　科學方法與精神　　　　　　　　　3
1.3　科學技術與社會　　　　　　　　　5

第二章　物　質　　　　　　　　　　　　**7**　徐惠麗
2.1　物質的組成與分類　　　　　　　　8
2.2　物質的三態　　　　　　　　　　　11
2.3　物質的物理性質　　　　　　　　　12
2.4　物質的化學性質　　　　　　　　　12

第三章　功、能與交互作用　　　　　　　**17**　王文瑞
3.1　力的概念　　　　　　　　　　　　18
3.2　功的概念　　　　　　　　　　　　19
3.3　能量的概念　　　　　　　　　　　22
3.4　能量轉換與守恆　　　　　　　　　32

第四章　地球環境　　　　　　　　　　　**37**　梁炳琨
4.1　獨特的地球　　　　　　　　　　　37
4.2　大氣圈　　　　　　　　　　　　　38
4.3　水圈　　　　　　　　　　　　　　43
4.4　岩石圈　　　　　　　　　　　　　47
4.5　臺灣地體與天然災害　　　　　　　52

第五章	生命的奧秘 …………………… **59** 李大維
5.1	生命現象與生物特性………… 59
5.2	生物的遺傳………………… 65
5.3	生物的演化………………… 71
5.4	生物與環境………………… 74

第六章	科技與生活 …… **83** 王文瑞／徐惠麗／李大維
6.1	聲與現代生活……………… 83
6.2	光與現代生活……………… 87
6.3	熱與現代生活……………… 92
6.4	電與現代生活……………… 99
6.5	塑膠………………………… 106
6.6	食品與營養………………… 110
6.7	健康生活的維護…………… 116
6.8	生物科技	119

第七章	地球上的生物………………… **127** 李大維
7.1	生物分類…………………… 127
7.2	原核生物界………………… 128
7.3	原生生物界………………… 130
7.4	真菌界……………………… 131
7.5	植物界……………………… 132
7.6	動物界……………………… 137

第八章	環境保護與自然保育 … **151** 徐惠麗／李大維
8.1	污染的來源與類別………… 152
8.2	環境污染對生態的衝擊…… 156
8.3	污染防治與環境保護……… 158
8.4	自然保育…………………… 161
8.5	與地球和諧共存…………… 165

第一章
緒　　論

　　自有人類以來，我們便憑藉智慧而探索自然界，其成果則成為各種發現與發明，不僅滿足了人們的求知慾，也改善了生活品質。同時，科學研究強調實事求是、明辨是非，這種精神也可以應用於日常生活，使吾人遇事時能理性思考而不盲從。因此，身為現代國民，不論所學何種領域，從事何種行業，均應接受良好的科學教育。在另一方面，科學的發展雖然帶給人們各種物質享受，卻也產生了環境污染、生態破壞……等副作用。這些問題都需要人們發揮高度智慧來面對，因為，「我們只有一個地球」，惟有與地球及世間萬物相互依存、和諧共處，才是發展自然科學的最終目的。

　　「自然科學」一辭，並無明定的範疇，但顧名思義，它是以自然界的各種現象為研究之主體。在「中山自然科學大辭典」中說：「凡自然界之事事物物，現象環境，足資研究考證，可敘述原始，或記載變遷，有條理，有體系，皆可成為科學之一門，皆可名為自然科學」。在該書中，則將自然科學分為九門，分別是數學、天文學、物理學、化學、地球科學、生物學、植物學、動物學及生理學。

　　而在中國大陸出版之「自然科學大事典」(1992) 中，則列舉了數學、物理學、化學、天文學、地學、生物學、醫學、農學、技術科學、軍事科學等十項。因此，自然科學的領域大致上就是涵蓋著上述這些項目。

1.1 自然科學的起源

自遠古以來，人們為了生存必須適應環境，並克服種種困難來改善生活。相傳我國古代神農氏曾遍嚐百草以了解那些植物可以食用。由此可知，人類為了求生，必須認識大自然，進而利用大自然。然而，與其他生物不同的是，人類具有高度智慧，對週遭事物有強烈的好奇心。而當人們對大自然中各種現象產生好奇與興趣，並進而想去探索時，自然科學的研究因而產生。培根 (Francis Bacon) 曾說：「人類具有強烈的好奇心，便是進入科學王國的必要條件」。因此，我們可以說，自有人類之初，自然科學的探討就已經開始了。

科學的發展是漸進的，在不同的時空，各種領域的科學持續的進展。世界知名的古文明如希臘、埃及、阿拉伯、中國等在農學、醫學、天文、數學……各方面都有傑出的成就。即以中國而言，古代之科技成就極為輝煌，在一個相當長的時間中都居於世界的領先地位，如火藥、指南針、造紙、印刷術的發明便對人類文明有著深遠的影響。

在古希臘文明中，一些學者的研究則對現代科學有重大的啟發作用。如歐幾里得以演繹邏輯的推理，將幾何學知識組成嚴密的理論體系。他所著的「幾何原本」直到十九世紀仍是歐洲數學的基本教材。

阿基米德則在數學，物理學方面有很大成就，他重視以觀察和實驗來分析物理現象，並以嚴謹的邏輯推理來弄清楚數學上的關係，其研究精神已經接近現代的科學方法。愛因斯坦便說過：「歐氏幾何及阿基米德的實驗精神是西方自然科學的源頭」。因

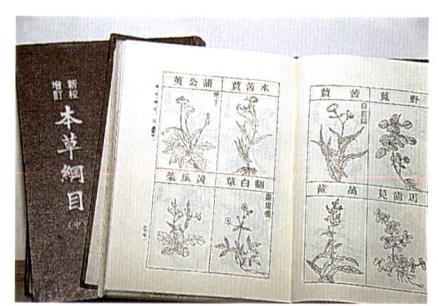

圖 1-1 本草綱目為明朝李時珍所撰，是古代醫學著作菁華

圖 1-2 東漢張儀發明的地動儀可測量地震的方位，是中國古代的科學成就之一

此，這些早期學者的研究確實對後世有莫大影響。

近代自然科學：近代自然科學的發展源於中世紀的歐洲。和古代自然科學不同的是，近代自然科學的研究不僅僅著重在技術的改良或哲學的思考，而是對事物、現象的本質加以窮根究柢的探索，尋找其中的規律而成為獨立的知識體系。尤其重要的是，古代科學尚缺乏嚴謹的實驗方法與定量研究。但近代自然科學則逐漸形成以實驗為重心的研究方法。經由實驗可以得到更可靠準確的知識，而自然科學才建構出完整而獨立的體系。

在十五至十九世紀間，歐洲出現許多傑出的學者。例如哈維 (William Harvey) 發現人體血液循環，解釋了生命現象中重要的生理基礎。哥白尼 (Nicolaus Copernicus) 提出以太陽為中心的「天體運行論」，打破了自古以來人們一直信以為真理的地球中心說。

伽利略 (Galiieo Galilei) 更在科學研究的成果和方法上有劃時代的貢獻。他不但在物理學和天文學有很大成就，更把實驗方法與數學相結合，使之達到真正的科學水準。例如他在進行自由落體研究時，利用數學計算找出制約落體之速度變化的各種因素及其數量關係，使成果更精確，更深入。因此，伽利略可說是開創自然科學研究方法的第一人。

到了十九、廿世紀，科學的進步累積了先人的成果加上後人的努力，更是一日千里，至今在各領域上都有驚人的成就。

1.2　科學方法與精神

自然科學的研究是一系列探索的過程，其目的在追求知識並利用知識發展技術來提高生活品質。在科學研究的過程中，我們必須不斷蒐集自然界各種訊息並加以觀察、解釋。經過了長久的經驗累積，人們對自然科學的研究已經發展出特定的程序，稱為科學方法 (scientific method)。

觀察：科學方法的第一步是對事物或現象的觀察。觀察可以用視覺、聽覺、嗅覺等直接感覺，也可以利用儀器來測量、記錄。觀察時最重要的是秉持周詳而客觀的態度，以避免發生誤差或失之偏頗。

問題：對事物觀察後，人們由於好奇心而提出問題。提出的問題必須明確而有意義，對問題的陳述也要清楚而切題。例如：「光線對馬鈴薯幼苗發育有何影響？」。

假設：假設便是對問題所做的可能答案，也可以說是一種推測。不過，這種推測當然不是憑空臆測，而是必須先行查閱前人研究報告，期刊及書籍以蒐集與該問題有關的相關資料，再根據已有的資料與自己的學識而提出假設。

實驗：實驗是科學方法中最大的特色，也是最困難的一步。我們在之前所做的假設必須經由實驗來印證，有了實驗結果的支持才能證實假設是正確的，否則便要重新再來。

實驗的設計必須力求完美，一個在設計上有瑕疵的實驗即使得到成果也會遭致批評、質疑。在設計實驗時，常將材料分為兩組，即**實驗組**及**對照組**，兩組材料的處理除了要實驗的因素之外，其餘都應相同。

例如前述「光線對馬鈴薯幼苗發育有何影響？」，可將兩株同樣大小的馬鈴薯幼苗種在盆中，其中一盆置於室外光照處，另一則置於暗室內。除此以外，其餘的因子如土壤、水分、溫度……皆應保持相同，以比較二株生長的差異。在這個實驗中，置於暗室的是實驗組，而另一為對照組。

結論：當假設經實驗的求證而獲得支持後，便可對問題的答案做一結論。若有其他學者分別重複該實驗，累積大量證據繼續支持該假設時，則可確立為學說 (theory)。

大多數的學說在經過一段時間後會因新發現而需要加以修改，因此學說並非一成不變的。修改後的新學說實際上仍保有舊學說的本來目的，只是內容更為廣泛有效。

有些學說的內容十分正確，屢試不誤，於是成為定律 (law)。但即使是定律，也未必永久不會改變，因此我們可以知道，科學的發展是人類智慧的結晶，而且是與日漸進，永無止境的。

由以上可知，從事科學研究時，除了要有強烈的好奇心，敏捷的觀察力，還要具備清晰的頭腦與靈敏的分析能力，以進行對事物窮根究底的探索。而更重要的是，在此過程中，應時時保持客觀而審慎的態度。因此，科學的精神不僅可以用在學術的研

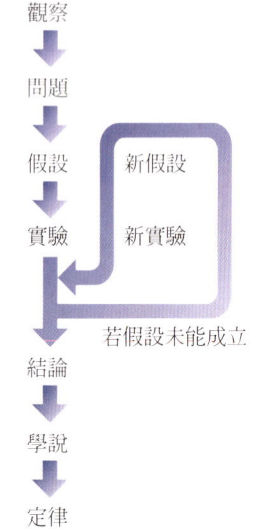

圖 1-3　科學方法的流程

究，更可應用在日常生活上，使我們在遇到事情時能夠養成思考判斷的能力，不盲從、不武斷，成為一個高素質的現代國民。

1.3 科學技術與社會

科學的發展對人類生活的改善有巨大的貢獻，例如我們吃的甜美水果、鮮腴的肉類皆經由農牧專家精心培育而來；我們住的房屋有精緻的外觀，舒適的空調與免去爬樓梯之苦的電梯設備。又如許多古人無法想像的事，如飛機、電話……在今日已毫不足奇。可以說我們今日的食、衣、住、行、育、樂一切皆倚賴科技進步所帶來的便利與舒適。不過，也由於人類高度發達的科技使得我們產生「人定勝天」的觀念，對地球各種資源予取予求，並支配了其他生物的生存。長久下來，地球環境已遭到嚴重破壞，其結果最終也將危及人類自身。所以，人類不能再為一己之利而無限制的破壞環境，應妥善運用科技來與大自然和諧共處，共同體認「我們只有一個地球」。

在另一方面，科學發展對社會的影響已不限於技術的層面。愛因斯坦在獲知第一次核子試爆時說道：「我希望我只是一個鐵匠就好了！」又如近年快速發展的「生物科技」，科學家已經可以操控生物的遺傳基因，進而改變生物的形性以達到人類的要求。但是，經過人為改造的生物是否會破壞生態平衡，甚至帶來災難？這些都已經不再是單純的技術問題，其牽涉到倫理、宗教、法律……的廣泛層面。因此，今後人類在發展科學、技術時，更應深思熟慮，遵守一定的規範，才能讓全人類永享科技發展所帶來的好處。

習 題

1. 下列何者不是中國古代的重要發明？
   (1) 火藥　(2) 印刷術　(3) 望遠鏡　(4) 指南針。
2. 發現人體血液循環的歐洲學者是 (1) 笛卡兒　(2) 哈維　(3) 伽利略　(4) 哥白尼。
3. 「置於室溫中的肉類很容易腐敗」，這是屬於科學方法中的 (1) 觀察　(2) 問題　(3) 假設　(4) 實驗。
4. 敘述自然科學的定義，並列舉其領域中五個項目。

5. 伽俐略對近代自然科學發展有何重大貢獻？
6. 科學精神在日常生活上的應用價值為何？
7. 在實驗中對照組和實驗組有何差別？
8. 人類在發展科技時是否可以隨心所欲，以「人定勝天」為唯一準則？試敍述你的觀點。

第二章

物　質

　　長久以來，人類從探究生活的世界究竟怎麼構成的到巧妙的應用各種物質，使生活能夠獲得改善。組成宇宙萬物的基本實體是物質。研究物質的組成及特性、物質變化及變化過程中各種因素、物質與能量及其相互關係，物質的製造以及人工合成物質的研究等各方面知識，使今日的化學突飛猛進，解決人類能源、農業、材料、環境、醫療、居住、交通等生產和生活方面的問題。

　　我們的生活到處有物質 (圖 2-1)，舉凡衣、食、住、行無所不在，像圖 2-1 中就是在日常生活中熟悉的物質。缺少了物質，我們不知如何生活？

　　本章主要介紹物質的組成、分類、狀態和其性質變化，使能了解基本觀念後能夠進一步做適當的應用。

圖 2-1　生活環境中的物質

2.1 物質的組成與分類

所以，什麼是物質 (matter) 呢？可以這樣定義：凡佔有空間，具有質量並且各有其物理及化學性質者，便稱為「物質」。

公元前幾世紀，古希臘的「物理學家們」假設所有的物質有可能出自一個相同的元素或本源，也有可能是由火、土、水和氣四個元素組成。在公元前七世紀到公元前五世紀，希臘哲學家德謨克利特 (Démocrite)、伊比鳩魯 (Éplcure) 認為宇宙是由不可再分割的微粒──原子──聚集而成。希臘文中，原子的意義是「不可分的」。十七世紀末法國學者拉瓦錫 (Lavoisier) 成功地量度出磷在燃燒過程中所用的空氣量，這個量等於他在實驗結束時所收集到增加的物質重。他認為燃燒是被燃物體與空氣中氧氣的一種結合。

物質到底是怎麼組成的？英國化學家道耳吞 (Dalton) 觀察眾人的實驗現象，再加上自己精細的研究心得，在 1808 年提出原子說 (Atomic Theory)，主要論點如下：

1. 物質是由許多不能分割的粒子 (原子) 所組成。
2. 相同元素的組成原子是一樣的，且性質相同。
3. 化合物是由不同元素的原子以某種整數組合。
4. 化學反應只是原子的重新排列組合。

強調「自然物質的基本質點都是均一且相同的」。有了原子的觀念，便可進一步去瞭解物質的化學性質及物理性質。接著在 1834 年杜馬士在巴黎工藝學校中發現有機根裡帶正電的氫，能代

圖 2-2　燃燒現象

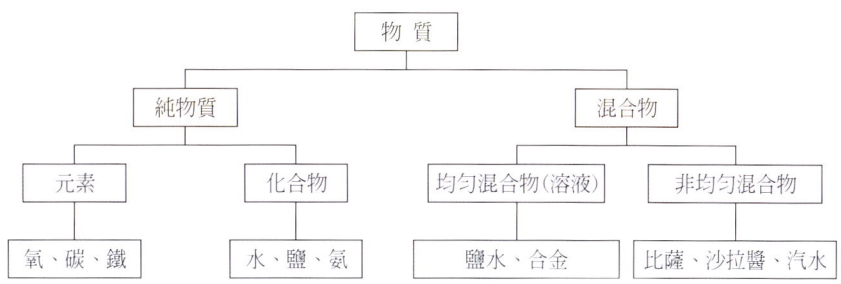

圖 2-3 物質的組成及分類

替帶負電的氯,且其本身或其他合物的化學性質不變,發表了含 32 元素的八列元素表。

物質的分類

物質可分為純物質 (pure matter) 及混合物 (mixture)。凡是組成固定,具有一定特性之物質稱為純物質,又分為元素 (elements) 及化合物 (compounds)。

純物質

元素是由同一種原子所組成,不能用普通的化學方法再進行分解的物質,如金屬元素金 (Au)、鉑 (Pt)、銅 (Cu)、鐵 (Fe)……等,室溫下是氣態的氧 (O_2)、氫 (H_2) 等這些都是元素態的物質。目前已被發現且為國際所公認的元素共有 109 種。現代的我們以電子組態來看週期表,當然是一目了然。但一個世紀之前是依靠科學家有限知識來摸索元素的排列,此項任務是很艱鉅的。其中包括 1857 年杜馬士 (Dumas) 發表含 32 元素的八列元素表。當 1860 年間元素的原子量及原子價訂定之後,科學家如 1864 年米耳 (Meyer) 及門得列夫 (Mendeleev) 做了許多嘗試,將元素按照相互關係加以分門別類。他們提出週期律,認為元素性質依其原子量成週期性變化,也繪製元素週期表來證明此一定律。其中,門得列夫還排列出 63 元素。門得列夫提出之週期表後來被發現有元素顛倒情形,如鎳 (58.7) 與鈷 (58.9),碘 (126.9) 與碲 (127.6) 要易位才符合現在的週期表,儘管如此,他用未知元素附近的已知元素之物理化學性質,內插預測未知元素性質,此預測值和發現後測量值極為接近。有了門得列夫預測週期表元素的驚人之舉,才有後來 1913 年莫士里 (Moseley) 證實

圖 2-4　週期表

	1 IA	2 IIA	3 IIIB	4 IVB	5 VB	6 VIB	7 VIIB	8 VIIIB	9 VIIIB	10 VIIIB	11 IB	12 IIB	13 IIIA	14 IVA	15 VA	16 VIA	17 VIIA	18 VIIIA
1	1 氫 H 1.008																	2 氦 He 4.003
2	3 鋰 Li 6.941	4 鈹 Be 9.012											5 硼 B 10.81	6 碳 C 12.01	7 氮 N 14.01	8 氧 O 16.00	9 氟 F 19.00	10 氖 Ne 20.18
3	11 鈉 Na 22.99	12 鎂 Mg 24.31											13 鋁 Al 26.98	14 矽 Si 28.09	15 磷 P 30.97	16 硫 S 32.07	17 氯 Cl 35.45	18 氬 Ar 39.95
4	19 鉀 K 39.10	20 鈣 Ca 40.08	21 鈧 Sc 44.96	22 鈦 Ti 47.88	23 釩 V 50.94	24 鉻 Cr 52.00	25 錳 Mn 54.94	26 鐵 Fe 55.85	27 鈷 Co 58.93	28 鎳 Ni 58.69	29 銅 Cu 63.55	30 鋅 Zn 65.39	31 鎵 Ga 69.72	32 鍺 Ge 72.59	33 砷 As 74.92	34 硒 Se 78.96	35 溴 Br 79.90	36 氪 Kr 83.80
5	37 銣 Rb 85.47	38 鍶 Sr 87.62	39 釔 Y 88.91	40 鋯 Zr 91.22	41 鈮 Nb 92.91	42 鉬 Mo 95.94	43 鎝 Tc 98.91	44 釕 Ru 101.1	45 銠 Rh 102.9	46 鈀 Pd 106.4	47 銀 Ag 107.9	48 鎘 Cd 112.4	49 銦 In 114.8	50 錫 Sn 118.7	51 銻 Sb 121.8	52 碲 Te 127.6	53 碘 I 126.9	54 氙 Xe 131.3
6	55 銫 Cs 132.9	56 鋇 Ba 137.3	57-71 鑭系元素	72 鉿 Hf 178.5	73 鉭 Ta 180.9	74 鎢 W 183.9	75 錸 Re 186.2	76 鋨 Os 190.2	77 銥 Ir 192.2	78 鉑 Pt 195.1	79 金 Au 197.0	80 汞 Hg 200.6	81 鉈 Tl 204.4	82 鉛 Pb 207.2	83 鉍 Bi 209.0	84 釙 Po (210)	85 砈 At (210)	86 氡 Rn (222)
7	87 鍅 Fr (223)	88 鐳 Ra (226)	89-103 錒系元素	104 Unq (261)	105 Unp (262)	106 Unh (263)	107 Uns (262)	108 Uno (265)	109 Une (266)									

鑭系元素：
| 57 鑭 La 138.9 | 58 鈰 Ce 140.1 | 59 鐠 Pr 140.9 | 60 釹 Nd 144.2 | 61 鉕 Pm 144.9 | 62 釤 Sm 150.4 | 63 銪 Eu 152.0 | 64 釓 Gd 157.3 | 65 鋱 Tb 158.9 | 66 鏑 Dy 162.5 | 67 鈥 Ho 164.9 | 68 鉺 Er 167.3 | 69 銩 Tm 168.9 | 70 鐿 Yb 173.0 | 71 鎦 Te 175.0 |

錒系元素：
| 89 錒 Ac (227) | 90 釷 Th 232.0 | 91 鏷 Pa (231) | 92 鈾 U 238.0 | 93 錼 Np (237) | 94 鈽 Pu 239.1 | 95 鋂 Am 243.1 | 96 鋦 Cm 247.1 | 97 鉳 Bk 247.1 | 98 鉲 Cf 252.1 | 99 鑀 Es 252.1 | 100 鐨 Fm 257.1 | 101 鍆 Md 256.1 | 102 鍩 No 259.1 | 103 鐒 Lr 260.1 |

圖 2-5　一些元素及化合物，量筒中是乙醇，錶玻璃前右鋅，後右銅片，錶玻璃前左氧化鈣，後左鉛片

週期表是按原子序排列。

化合物是由兩種或是更多元素依一定的比例化合而成，可用普通的化學方法分解為元素或其他化合物。如水 (H_2O)，葡萄糖 ($C_6H_{12}O_6$)，氯化鈉 (NaCl)，乙醇 (C_2H_5OH)……等。

圖 2-6　日常生活中的混合物，有比薩、銅幣、泥土、牛奶等

混合物

混合物則是由兩種或兩種以上的純物質以任何比例混合而成。沒有一定的組成和特性，但各組成仍各保有其本身的性質，並可用普通物理方法 (溶解、過濾、蒸餾…等) 分離出更簡單物質。又可區分為均勻混合物及非均勻混合物。均勻混合物是兩種或兩種以上的元素或化合物均勻的混合，又稱溶液 (solution)，有氣態溶液 (空氣)、液態溶液 (鹽水)、固態溶液 (合金) 等。若是物質中的混合成份沒有一定的比例則為非均勻混合物，如泥土、比薩、礦石……等。

2.2　物質的三態

在自然界中，物質是以各種型態出現。以圖 2-7 為例，這是加拿大落磯山脈之哥倫比亞大冰原，冰原上之冰 (水之固態) 冰溶化成水 (水之液態) 及空氣中的水蒸氣 (水之氣態)，為水的三態變化。任何物質有其三態，平常生活環境中所見到物質是處在常溫常壓下的狀態，像二氧化碳 (CO_2)，空氣中的氮 (N_2)，我們呼吸的氧 (O_2) 是處在氣體；水 (H_2O)，酒類中的乙醇 (C_2H_5OH)，溫度計的汞 (Hg) 是處在液態；而大部分的金屬則處在固態。

圖 2-7　加拿大大冰原

三態之性質

固體具有一定的體積和形狀。其原子、分子或離子整齊排列在一定位置，不能自由運動但可以振動。而液體沒有特定形狀，隨容器而改變，但有一定體積，粒子可自由運動。氣體沒有固定的形狀，體積也隨著容器而改變，所以容器的體積也就是這個氣

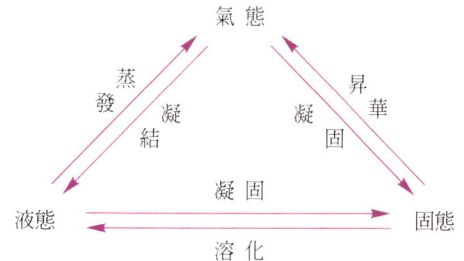

圖 2-8　物質的三態變化

體的體積,對氣體而言,氣體粒子間的距離很大,粒子間的吸引力很弱,可以自由運動。

2.3　物質的物理性質

　　化學已有 200 年的歷史,已知的化合物也多達八百萬種,而這八百萬種形形色色的各種物質,皆具有其獨特的性質,我們可以利用這些特性來辨別物質的種類。例如:汞是目前已知的唯一液態金屬。又如水 (H_2O) 和酒精 (C_2H_5OH) 都是無色透明的液體,但是味道不同,水在空氣中無法點燃,而酒精具有可燃性。另外同樣是碳所構成的石墨及鑽石,雖然是同元素組成,鑽石硬度大。石墨卻易碎,因此,依據味道、可燃性、硬度等性質的差異,可將不同物質的種類加以確定。

　　物質的種類性質可以區分為物理性質及化學性質。物理性質 (physical properties) 係由感官覺察或由適當儀器測量而得的特性,並不發生化學反應,如物質的溶解度、光澤、熔點、晶體結構、沸點、硬度、彈性、延展性、折射率、味道、顏色、嗅覺、透明度等特性,均為物理物質。例如,鐵的熔點在 1535°C,鉻的熔點在 1900°C,當它們熔化只是相的改變,由固態變成液態,並不發生化學反應。

2.4　物質的化學性質

　　把一根鐵棒插在水中,過一些時日再去瞧瞧,會發現鐵棒露出水面的部分生銹不多,沈在水裏面的部分也不太生銹,倒是靠

圖 2-9　鐵的生銹是鐵的一種化學性質

近水面的那一段銹得很厲害。原來是溶解在水中的氧氣和鐵產生化學反應才能使鐵生銹，這是鐵的化學性質。所以於某一條件下，經由物質的化學變化中顯現出來的性質，稱為化學性質。例如，木材、酒精、瓦斯等物質的可燃性，以及氧的助燃性可藉由這些物質燃燒與氧化合時的反應呈現出來，其他又如硫酸、鹽酸等強酸的腐蝕性，可經由與其接觸的物體會被侵蝕破壞而顯現出來。物質的可燃性、助燃性、生銹和腐蝕等都是化學性質。

物質的化學變化

物質若涉及本質及型態上的變化，而產生新的物質，則稱為化學變化或化學反應 (chemical reaction)，化學家們常用化學方程式 (chemical equation) 來描述化學變化。符號及化學式通常用於方程式中來表示所有參與反應之物質及組成。化學反應可分為以下幾類：

1. 化合反應 (combination reactions)

化合反應是指兩種或兩種以上的純物質，經反應結合成一種新物質，例如：

$$S + O_2 \xrightarrow{\Delta} SO_2$$
$$CaO + SO_3 \longrightarrow CaSO_4$$

2. 分解反應 (decomposition)

分解反應是一種大的物質經反應後分解為兩個或兩個以上的物質，例如：

$$2HgO \xrightarrow{\Delta} 2Hg + O_2$$

3. 置換反應 (replacement reactions)

置換反應即參與反應的化合物中原子做部分的交換。置換反應會產生不溶性化合物、氣體、非電解質或弱電解質。而產生這些物質即為置換反應的驅動力。例如：

$$2Na(s)+2H_2O(\ell) \longrightarrow 2NaOH(aq)+H_2(g)$$
$$Cl_2+2KI \longrightarrow 2KCl+I_2$$

4. 氧化還原反應 (oxidation-reduction reactions)

化學反應過程中，有許多牽涉到電子的轉移，就是氧化還原反應。在氧化還原反應中，還原劑 (reducing agent) 能提供電子給其它物質，而使該物質被還原；因為還原劑失去電子，因此被氧化。氧化劑 (oxidizing agent) 能從其它物質獲得電子，而使其它物質被氧化；因為氧化劑獲得電子，因此被還原。最典型的氧化還原反應為燃燒反應 (combustion reaction)，例如：

$$CH_4(g)+2O_2(g) \xrightarrow{\Delta} CO_2(g)+2H_2O(g)$$

又如鐵生銹亦屬於氧化還原反應：

$$4Fe(s)+3O_2(g) \longrightarrow 2Fe_2O_3(s)$$

5. 複分解反應 (double decomposition reactions)

複分解反應是兩化合物藉著彼此交換或取代某一部分的原子或原子團而形成兩個新的化合物，例如：

$$CO(g)+2H_2O(g) \longrightarrow CO_2(g)+2H_2(g)\uparrow$$
$$AgNO_3(aq)+NaCl(aq) \longrightarrow AgCl\downarrow+NaNO_3(aq)$$

6. 酸鹼反應 (acid-base reactions)

酸鹼反應是酸性物質中的氫離子 (H^+) 和鹼性物質中的氫氧根離子 (^-OH) 反應產生水及鹽類，例如：

$$\underset{酸}{H_2SO_4(aq)}+Mg(OH)_2(aq) \longrightarrow \underset{鹽}{MgSO_4(aq)}+\underset{水}{2H_2O(\ell)}$$
$$NaOH(aq)+HCl(aq) \longrightarrow NaCl(aq)+H_2O(aq)$$

物質化學變化之能量變化

一種物質藉由化學變化轉變成另一種物質通常會伴隨著能量

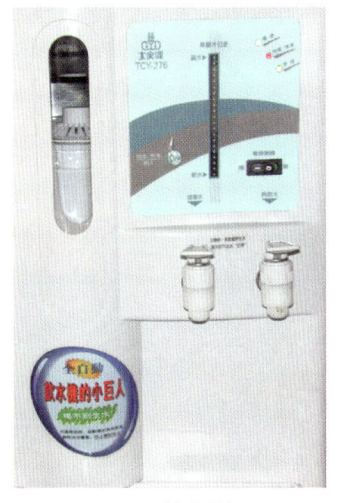

(a) 熱水瓶　　　　　　　　(b) 烹煮食物

圖 2-10　廚房中有許多熱化學過程

的變化而完成，能量變化的一般形態不是放熱就是吸熱，但有時亦以光或電能的形態單獨展現或同時伴隨熱能一併產生。

習　題

1. 到目前為止，已被發現的元素有＿＿＿＿種。
2. 常見的化學變化有＿＿＿、＿＿＿、＿＿＿、＿＿＿、＿＿＿、＿＿＿。
3. 物質的定義為＿＿＿，且佔有一定＿＿＿者。
4. 物質的三態為＿＿＿、＿＿＿、＿＿＿。
5. 物質以組成來分類時，可區分為＿＿＿與＿＿＿。
6. 形態及本質、組成皆有變化的稱為＿＿＿。
7. 水蒸氣 $\underset{(\ )}{\overset{(\ )}{\rightleftarrows}}$ 水 $\underset{(\ )}{\overset{(\ )}{\rightleftarrows}}$ 冰
8. ＿＿＿依據元素的化學性質和原子發表元素之週期表。
9. 下列物品何者為元素？何者為化合物？何者為混合物
   (1) 礦泉水　(2) 汽水　(3) 酒精　(4) 水銀　(5) 空氣　(6) 合金
   (7) 汽油　(8) 海水　(9) 水泥　(10) 比薩　(11) 食鹽　(12) 乾冰
10. 下列敘述，何者為物理性質？何者為化學性質？
    (1) 乾冰會昇華 (由固態直接變為氣態)

(2) 氧有助燃性
(3) 汞在室溫下為液態
(4) 油脂會被氧破壞
(5) 銅有金屬光澤
(6) 鹽酸會和金屬作用產生氫氣
(7) 鐵在水及氧的存在下會生銹
(8) 冰的密度比水小

11. 下列何者為物理變化？何者為化學變化？
    (1) 牛奶變酸
    (2) 衣服漂白
    (3) 光合作用
    (4) 汽油揮發
    (5) 食鹽溶於水
    (6) 利用電解製作銀湯匙

12. 一位早起的學生，為自己準備一份熱牛奶和土司麵包的早餐。請問這位學生完成了那些熱化學過程？

第三章

功、能與交互作用

遊樂場中，將懸掛的擺椅升高至鐵架的高處，具有相當高的位能。然後自由放下，轉換成動能。擺椅上的人將感受到高速的快感。整個過程是由於地球和擺椅及人之間重力的交互作用。

　　自然界中，任何物質皆具有能量。只是各種物質表現之能量形式各不相同。如：動能、位能、熱能、聲能、電能、磁能、化學能、輻射能、核能等等。這些能量之間，配合某些條件與狀態，可以彼此互相轉換。且當能量釋放出來時，可以對其他物體作功，功又是力量和物體位移的乘積；若反向思考，作用力可以作功，使物體發生形變或是獲得能量。所以**力**、**功**、**能量**彼此間，具有密切的關係。我們日常生活，其實是處在一個**能量**的世

界，且功、能之間不停轉換。為了便於討論這個能量世界，我們常常定義某一區域，為一個能量系統。並由力、功、能量的關係，分析探討它們之間的變化。

3.1　力 (Force) 的概念

人類在自然界中，不論從生物或非生物體，皆可感受到力的存在。如洪水猛獸、風雨雷電，以及包括人體本身肌肉的拉、推、舉、壓、撞擊等，皆存在力的作用。而力的作用形式可區分為**接觸力**和**超距力**兩種。兩物體必需相互接觸，才能發生作用的力，為接觸力。如：風力、水或空氣浮力、摩擦力、人的推力等；若兩物體不需接觸，仍可發生作用的力，稱為超距力。如：重力、電力、磁力、核力等。但是若按照力的來源區分，則有浮力、風力、彈力、大氣壓力、電力、內聚力、附著力、磁力、核力等各項作用力。

宇宙間的作用力，科學家將它們歸納為四種基本力，即：**萬有引力、電磁力**，及存在於原子核內之**強交互作用力**與**弱交互作用力**。此四種基本力之大小比例約為：

萬有引力　　　　　　　　10^{-40}
電磁力　　　　　　　　　1.5×10^{-4}
強交互作用力　　　　　　1
弱交互作用力　　　　　　3×10^{-15}

至於力的呈現，在於物體受外力後，改變其運動狀態 (包括位置、速度、加速度、旋轉的角速度等)。或使物體形狀發生改變 (如下陷、縮小、彎曲、膨脹、伸長等)。牛頓 (1642－1727) 由伽利略 (1564－1642) 所討論物體速度及慣性之基礎觀念，提出三個運動定律，說明物體受力和運動狀態之間的關係：

牛頓第一運動定律：物體若不受外力作用，則靜止者維持靜止；運動者恆沿直線作等速運動。本定律稱為慣性定律.。

牛頓第二運動定律：一物體受淨力 F 的作用時，物體會沿著此淨力之方向，產生一加速度 a，且加速度 a 和淨力 F 成正比，與物體質量 m 成反比。即 $F = m \times a$。此關係稱為**運動定律**。

圖 3-1 比薩斜塔。比薩位於義大利北方佛羅倫斯之西,近地中海,地層結構較差。此塔興建於 600 多年前,歷經 180 年才完成。共八層,興建至第四層時已發現傾斜。塔高 58.5 米,物體由塔頂落下時間約 3.45 秒。義大利政府發現,此塔日漸傾斜,現已加強基礎修復。

牛頓第三運動定律

任何兩物體間的作用力,是成對發生的。當甲物體施一力 F 於乙物體時,乙物體同時以大小相等、方向相反之反作用力 $-F$,作用於甲物體。本定律稱為作用力與反作用力定律。

依照第二運動定律,若物體不受外力作用,或所受外力淨力為零時,靜止物體仍然靜止,運動的物體仍作等速度直線運動。此現象即符合慣性定律。此外力具有方向性,必須以數學上之向量,計算力之合成 (加、減),求出多個作用力之合力;反之可以將一已知大小及方向的力,分解在其他方向上 (通常利用直角座標系,分解於 X 及 Y 軸互相垂直之方向),以便對物體受力後之運動狀態,作簡化之分析與討論。

3.2 功 (work) 的概念

功這個字在日常生活中,可能用來描述各種不同的意義。但是在物理學的領域中,則有明確的定義及數量化的觀念。以便對於自然界中,系統能量的變化、物體位置的改變、運動狀態改變

等，作更明確的了解。功的定義為：施力於物體，在物體受外力作用期間，產生了位移。此位移和沿位移方向的外力分量之乘積，稱為功。即：

$$功＝施力在位移方向上的分量\times位移$$

或

$$W=(F\cos\theta)\cdot d$$

也可寫為

$$W=F\cdot(d\cos\theta)$$

即表示為

$$功＝施力\times位移在施力方向上的分量$$

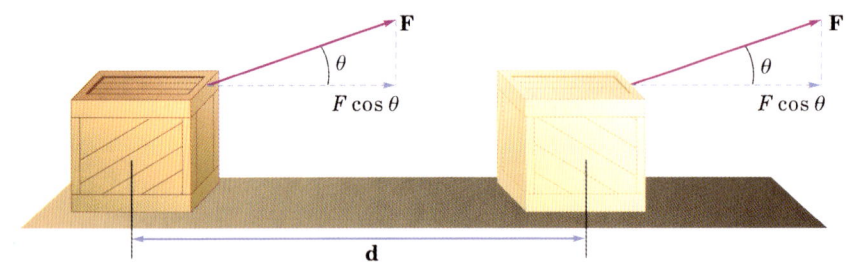

圖 3-2 功＝施力在位移方向上的分量×位移

θ 表示力與位移方向之夾角。力和位移皆為向量，具有大小及方向性。而功為純量，只有大小沒有方向。但有正負值，表示對系統作正功或者負功。正功使系統能量增加；負功則使系統能量減少。

由功的定義，外力對物體是否有作功，須考慮外力 F 的大小、位移 d 的大小，以及外力和位移方向夾角 θ 的大小，三者而定。某人用 F_p 向上之力捧著書本，並向前水平移動 d 之位移，作功為零。因為 F_p 和 d 之夾角 $90°$

$$W=F_p\cdot d\cos 90°\ 且\ \cos 90°=0$$

故 $W=0$

若此人將書本垂直抬高 h 之高度，此時 $\theta=0°$，作功為

$$W = F_p \cdot h \cos 0° \text{ 且 } \cos 0° = 1，F_p = mg$$

故 $W = F_p \cdot h = mgh$

同樣地，若我們用力推牆，而牆不移動，無論力量和牆面的夾角如何，作功皆為零。

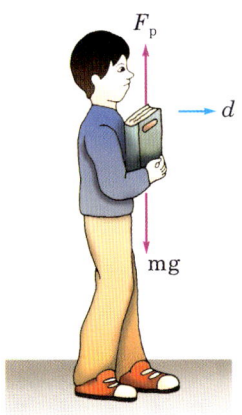

圖 3-3 某人以 F_p 向上的力捧書本並相前移動 d 之位移作功之大小

功的單位為一導出單位，視作用力和位移之單位而定。通常用焦耳 (Joule) 或耳格 (erg) 為單位。如下表：

力	位移	功
牛頓	公尺 (米)	牛頓·米=焦耳
達因	公分	達因·公分=耳格

在實際計算時，若需要變換功之單位：

1 牛頓 = 10^5 達因
1 公尺 = 10^2 公分

所以

1 焦耳 = 10^7 耳格

另外

1 公斤重的力 = 9.8 牛頓
1 公克重的力 = 980 達因

以上所討論作功的多少和時間無關。若考慮單位時間所作之

功在物理學上則以**功率** (power) 稱之，可用下式表示：

$$功率 = \frac{功}{時間}$$

或

$$P = \frac{W}{t}$$

上式中 W 表示在時間 t 內所作的功。P 為功率，其單位為焦耳/秒 (J/S)，又稱瓦特 (watt)；或用耳格/秒 (erg/s) 表示。另外英制單位 1 馬力 (Hp)＝746 瓦特，常用在馬達等機器上。

功率與時間之乘積也可表示功之大小 $W = Pt$，電力公司**一度電**的電能為 1 仟瓦小時，即功率 1 仟瓦持續 1 小時所作的功。

$$1\ 仟瓦小時 = 1000\ 瓦特 \times 3600\ 秒$$
$$= 3.6 \times 10^6\ 焦耳$$

3.3 能量 (energy) 的概念

凡是具有作功能力之系統或物體，我們稱它具有能量，簡稱能。所以能量也可以說是系統或物體所具有作功的本領。能量的單位也同樣用功之單位來表示。常用焦耳 (J)、耳格 (erg)、或更小單位電子伏特 (ev) 為單位。

$$1\ 耳格 = 10^{-7}\ 焦耳$$
$$1\ 電子伏特 = 1.6 \times 10^{-19}\ 焦耳$$

圖 3-4　水由高處快速流下具有位能及動能

能量在自然界中，似乎是無形的。但卻以各種不同形式呈現。水由高處流下，能夠移動機具，或作為水力發電等。我們稱此高處之水具有位能 (potential energy)。其它如：弓被拉開、彈簧被壓縮或拉長、不同電性之電或磁極置於空間某處等，皆可以作功，亦皆具有位能。但因各能量存在來源不同，而稱之為重力位能、彈性位能、電位能與磁位能等。

另外能量也可以用物體本身的質量的大小和速度的快慢，來表現對外界作功的多寡。我們稱為動能 (kinetic energy)。2001 年 9 月 11 日美國紐約發生恐怖份子劫持波音 767 客機，以客機大質量、高速度所具有相當大的動能，撞毀世界貿易雙子星大樓事件，即為動能作功之實例。

除了位能與動能以外，尚有熱能、光能、聲能、化學能、輻射能、與核能等能量形式。能量真是無所不在又近於無形。表現作功之能力，又常有驚人之舉。

以下介紹各種日常生活中常見的能量形式。

重力位能

我們已經在 3.2 節討論過力、功、能量之間的關係。重力位能即和牛頓萬有引力定律 (Newton's Law of Universal Gravitation) 相關。任何兩物體彼此間均互有吸引力 F，其大小與兩物體的質量乘積 $M \cdot m$ 成正比；與兩物體之間的距離平方 r 成反比。即可寫為

$$F = G \frac{Mm}{r^2}$$

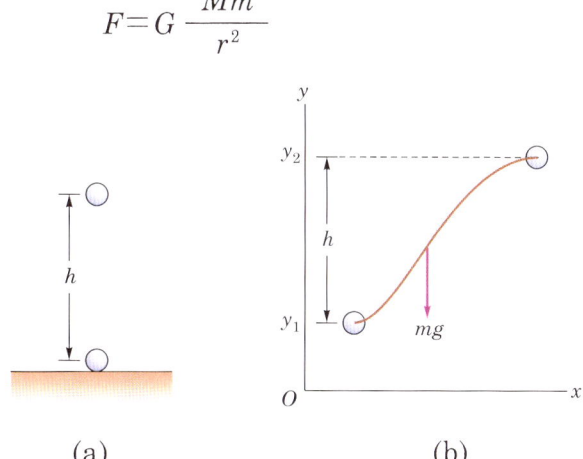

(a)　　　　　　(b)

圖 3-5　(a) 將質量 m 物體垂直提高 h 之高度
　　　　(b) 將質量 m 物體沿任意路徑提高 h 之高度

式中 G 為萬有引力常數，其值為 6.67×10^{-11} 牛頓・米^2/公斤^2。

若考慮位於地球表面，質量 m 的物體所受之重力，M 表示地球質量，r 表示地球半徑，則重力 F 可表示為

$$F = mg$$

而

$$g = G \frac{M}{r^2}$$
$$= 9.8 \text{ 米/秒}^2$$

即質量 1 公斤的物體所受之重力為 9.8 牛頓。

今在地球表面附近，g 值為定值，質量 m 的物體所受之重力 $F = mg$ 亦接近定值。且將地表設定位能為零之參考點。將質量 m 之物體以 (a) 垂直或 (b) 沿任意路徑，提高 h 之高度，所作功為 $W = F \cdot h = mgh$。且所作的功轉換為位能之貯存。故定義重力位能 U

$$U = mgh$$

若考慮非在地球表面附近，如討論星球間之重力位能，則作用力 F 不再是常數。如圖 3-6，則此重力位能為

$$U = -G \frac{Mm}{r}$$

上式中 U 為負值。且當兩物體距離無窮遠時，重力位能為零。

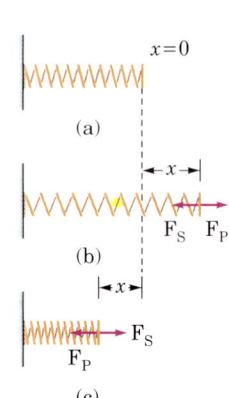

圖 3-6
(a) 彈簧原長
(b) 彈簧受 F_p 力量拉長
(c) 彈簧受 F_p 力量壓縮

彈性位能

具有彈性之物體變形之後，會產生一回復力。施力 F_p 於一彈簧，不論彈簧被拉長或壓縮，皆會產生和 F 相反方向之恢復力 (restoring force) F_s。且 F_p 及 F_s 皆和壓縮或伸長量 x 成正比。即

$$F_p = KX \quad , \quad F_s = -KX$$

此項關係稱為虎克定律。上式中 K 為彈簧力常數，而負號之意義表示彈簧恢復力的方向和彈簧位移方向相反。

當施力於彈簧時，對彈簧所作的功，為力和位移之乘積。注意此力並非固定之力。故此力所作的功 W 為斜線 $F = KX$ 下方

之面積

$$W = \frac{1}{2}(X)(KX)$$
$$= \frac{1}{2}KX^2$$

此功轉為彈簧貯存之彈性位能 U。故

$$U = \frac{1}{2}KX^2$$

其它之彈性體，如拉弓射箭、彎曲之竹或銅片、拉長的橡皮筋、彎曲的撐竿跳竿等，皆具有類似的彈性位能，且位能形式會隨回復力和伸長量、彎曲程度之關係而改變。

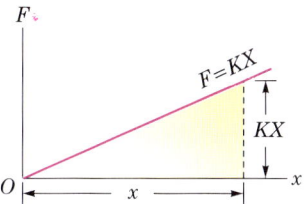

圖 3-7　所作的功 W 為斜線 $F = KX$ 下方之面積 $= \frac{1}{2}KX^2$

電位能與磁位能

我們知道電荷有正、負不同之電性，帶同性電荷之帶電體具有排斥力；帶相異電性電荷之帶電體具有吸引力。其作用力之大小，可由帶電量之多少，及距離之遠近來決定。即

$$F = K\frac{Qq}{r^2}$$

上式稱為庫侖定律 (Comlomb's Law)。式中

　　K　　為電力常數，其值為 9×10^9 牛頓・米^2/庫侖^2
　　Q、q　為兩帶電體所帶的電量 (庫侖)
　　r　　為兩帶電體間之距離 (米)

與前所述同理，電力也可以作功，或形成能量之貯存。兩帶

電量分別 Q、q 之帶電粒子，距離為 r 電位能 U 為

$$U = K\frac{Qq}{r}$$

上式中電位能 U 的單位，在 MKS 制為焦耳 (J)；CGS制為耳格 (erg)。另一常用單位為電子伏特 (ev)，$1ev = 1.6 \times 10^{-19}$ J。以電子伏特來表示兩帶電粒子之間的電位能，較為實用。若是含有兩個以上帶電粒子之系統，可分別計算出每對粒子之電位能，再以代數相加其總系統能量。因能量沒有方向性，故可以代數方法相加，但須考慮其正負號。

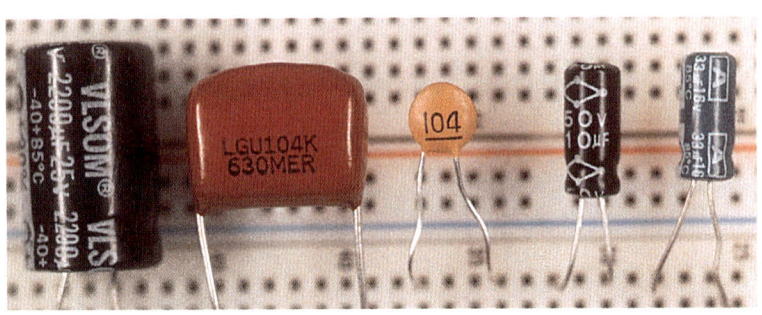

圖 3-8　常見電容器

　　同理電位能也可儲存於電容器中，且其中電位能 U 等於充電時所作的功 W

$$U = W = \frac{1}{2}\frac{Q^2}{C} \qquad (Q = CV)$$
$$= \frac{1}{2}CV^2$$

上式中 Q 為電量、C 為電容、V 為電容器兩極間之電位差。

　　在空中懸吊兩塊磁鐵，同名極間有排斥力；異名極間具有吸引力。磁力同樣也會造成磁位能，可以對外界做功。或將磁位能轉換成磁鐵之動能，相互靠近或分離。另外載有電流的導線或線圈，也會產生電磁場。各種不同形狀的電磁場，也都具有各式不同的磁位能。

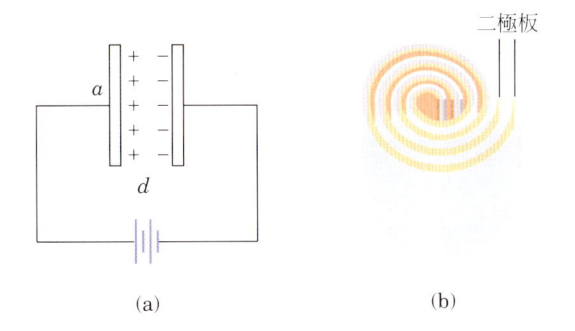

圖 3-9 (a) 平行板電容器 (b) 圓柱形電容器

動能

　　運動中的物體，若接觸另一物體，則可以對此物作功，即運動中之物體具有能量。此種能量表現在它的質量及速度上，我們稱為動能。例如，高速飛行的飛機可以撞毀大樓建築。高速的子彈可以貫穿人體。快速的鐵鎚可以將釘子打入木板中。身體強壯體重大的籃球員，在籃下搶球佔盡便宜等。皆是運動中的物體具有動能的呈現。然而動能的由來，又常是外力對此物體作功，而轉變成動能的形式。

　　考慮一物體質量 m，原來靜止 (初速 $V_0=0$)，受外力 F 之作用，產生加速度 a。此力件用一段時間，位移為 S。則由等加速度運動公式得知末速度 V。

$$V^2 = 2aS$$

若計算力 F 所作的功 W

$$\begin{aligned}W &= F \cdot S \\ &= (ma) \cdot \left(\frac{V^2}{2a}\right) \\ &= \frac{1}{2}mV^2\end{aligned}$$

此外力 F 所作的功，並沒有增加物體之重力位能 (水平運動高度相同)，而是全部轉換為動能 K，即

$$K = \frac{1}{2}mV^2$$

上式中動能 K 和物體質量 m 以速度平方 V^2 成正比。子彈之速度快，動能大，故具有殺傷力。快速的乒乓球打到玻璃，通常不會破損，是因為質量較小，動能較小。同樣速度之棒球，因質量較大，動能較大，玻璃常會因棒球之撞擊而破損。

若更進一步探討，$1/2\ mV^2$ 所表示的，應是物體移動所產生的動能；至於物體轉動時亦具有轉動動能 $1/2\ I\omega^2$，I 為物體之轉動慣量 (the moment of inertia)，ω 為轉動之角速度 (angular velocity)。例如保齡球丟出時，除移動之外也有轉動，故總動能為兩種動能的合成。子彈在槍管內，經來福線旋轉，飛出時亦有轉動動能，故更能穿入物體。跆拳道正拳攻擊時，拳頭如快速旋轉，將更具攻擊威力。

(a)　　　　　　　　　(b)

圖 3-10　(a) 紐西蘭北島蘊藏豐富地熱，此圖為懷特摩之間歇泉，不定時噴出熱氣情形
　　　　(b) 紐西蘭地熱大量開採發電，及供給養殖業提昇水溫之用

熱能

當我們接近廚房之瓦斯爐、電烤箱，或洗熱水澡的時，皆會感覺有熱流入體內，即察覺到熱能的存在；相對的，若用手接觸低溫的大理石或冰塊等，又感覺自己體內熱能的流失。嚴格說來，當兩物質 (或系統) 有溫度差時，系統間能量的轉移，我們稱為熱 (heat)。而熱是能量的一種形式。至於物質或系統本身所具有的能量，我們較常稱為內能 (internal energy)。內能的來源，是物質分子之運動能 (其運動的形式包括振動、轉動、移動等)，

及原子或分子間作用力所產生位能的總和。當溫度越高時，分子運動越激烈，所含的能量越高。我們在討論有關熱的問題時，也常將熱、內能等統稱為熱能，熱的量度則以熱量表示之。

當兩物質接觸，具有熱的轉移，直到溫度相同時，我們稱為熱平衡 (thermal equilibrium)。熱能可以藉著傳導、對流、輻射三種方式由高溫物體傳遞到較低溫之物體。傳導是靠物質將熱能由高溫傳到低溫物體，各物質之導熱速率不同，如金屬導熱快，氣體導熱慢。日常生活中，如瓦斯爐上鐵鍋能夠將食物加熱。或金屬棒一端點火加熱，另一端感覺溫度升高等，皆為傳導作用。對流作用如室內外空氣之對流，調節溫度。或燒開水時，水分子上下交替流動，將熱傳遞等，皆為對流之現象。至於陽光照射、雷射光、紫外線、紅外線、X 射線等不須靠任何介質，就能以電磁波方式傳熱至物體上，稱為輻射作用。

熱量的計算單位為卡 (cal)，通常定義為：使一克的水，從溫度 14.5°C 升高至 15.5°C 所須的熱量為 1 卡。熱量和功之間也可以互換，其熱功當量為

$$1 \text{ 卡} = 4.186 \text{ 焦耳}$$

許多常用物質在燃燒時，皆可以釋出熱量。如表 3-1 所示。

表 3-1　常用物質燃燒熱

物質	燃燒熱 (卡/克)
煤	6,600
汽油	11,600
木材	2,500
天然氣	13,700
甲烷	9,100

人類所吃的食物，在體內氧化後供給人體生長、保持體溫、運動等所須之熱能。如將食物放入量熱計中燃燒，可計算出該食物所含有的熱能。營養衛生人員也計算人體一天所須攝取的熱量，換算每天之食物量，以維護身體健康。常見食物之熱能如表 3-2 所示。

表 3-2 常見食物熱能

食 物	份量公克	醣類公克	蛋白質公克	脂肪公克	熱能卡	鈉毫克
奶類	240	12	8	10	170	120
蔬菜類一	100	—	—	—	—	9
蔬菜類二	100	5	2	—	28	9
水果類	不同量	10	—	—	40	2
主食類	不同量	15	2	—	68	5
肉類一	30	—	7	3	55	25
二	30	—	7	6	82	25
三	30	—	7	8	100	25
油脂類	5	—	—	5	45	0

光 能

我們最常見的太陽光即具有光能，並以輻射之方式傳遞至地球，提供生物生長之能量。且因其照射角度不同，造成地球炎熱

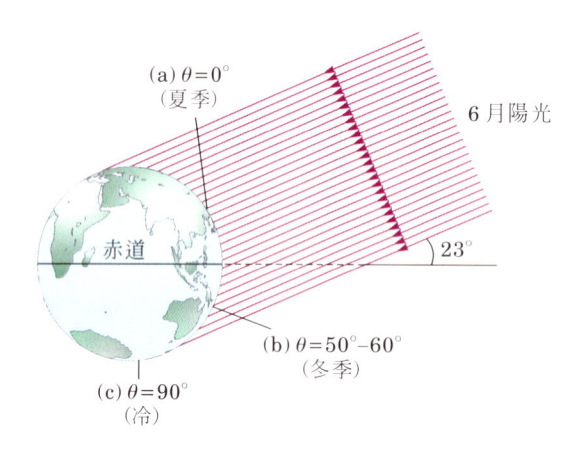

圖 3-11 六月太陽照射角度陽光的中間地區為北廻歸線附近

的夏季及寒冷的冬天，如圖 3-11 太陽之光能，也可以提供太陽能電池，用在人造衛星、計算器等方面所須之能量。我們家居的太陽能熱水器，也是利用光能，再轉換為熱能供家人使用。但是太陽光中的紫外線，卻具有更高的能量，可能曬傷皮膚。

其實廣義的光，應包含所有的電磁波，電磁波輻射的光子能量和頻率成正比。電磁波以光速 3×10^8 米/秒進行。雷達天線利用震盪器產生電磁波，其能量的輸送率和電場及磁場有關。頻率

較低的無線電波,可用來傳遞電訊如電話、收音機、電視等;微波可用在微波爐;紅外線可用在夜試鏡、加熱器、警報器等;紫外光可用於殺菌消毒;X 射線在醫療及材料探測上已廣泛使用;波長最短,頻率最高的 r 射線則具有高能量,頗有殺傷力。上述種種都是光能在日常生活上的利用。

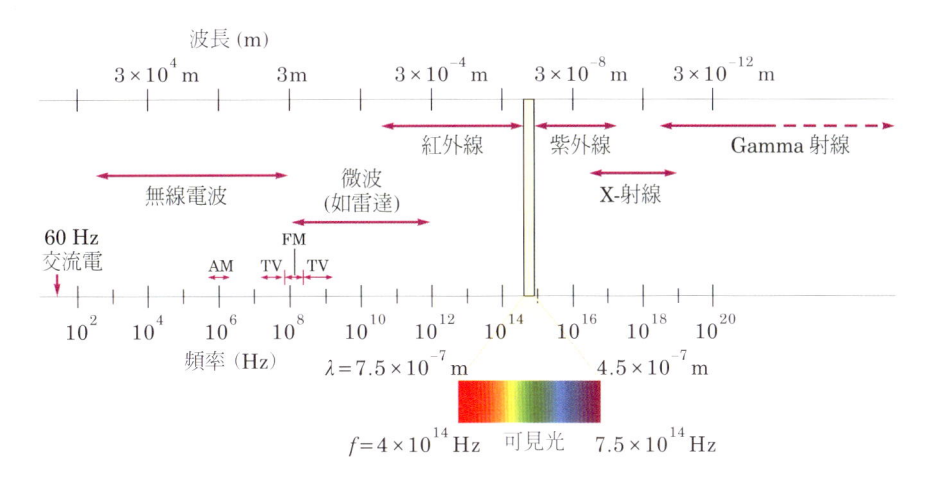

圖 3-12　電磁波譜

聲　能

聲音為波動的形式,可在固體、液體、氣體中傳播。傳遞波的介質振動方向和波傳播方向相同,故為縱波。聲音在人類耳朵可接收的頻率範圍 (20 Hz－20000 Hz) 稱為可聞聲;頻率較低者為聲下波;較高者為超音波。聲波具有聲能,其能量的傳遞率,通常與波振幅的平方及波頻率平方有關。炸彈爆炸時,產生具大爆炸聲響,聲音之能量影響到週遭建築物之結構。有時在工業上也利用聲音或拍手之聲能,當作開關電器或玩具所須之能量。

聲下波常由較大波源產生,如地震波。可聞聲由人體聲帶、絃樂器、管樂器振動產生。超音波具有較高的聲能,可用於人體內部、子宮、腹腔等之診斷觀察,或材料之檢測,物質之清潔等。

化學能

自然界中任何物質皆存在化學能,物質分子、原子間之鍵結,貯存有不同的能量。當燃燒,或與其他物質發生化學反應

時，便可以將化學能釋放出來。如瓦斯、汽油、酒精與氧燃燒時，化學能以光能和熱能的形式釋出。電池內部化學反應時，釋出化學能可形成電流。螢火蟲等某些生物，也能藉體內化學反應，釋出化學能變為光能。

所有動植物及具有生命的細胞，化學能是最直接的補充能量，故又稱生物能 (energy of life)。當各種碳水化合物和氧產生化學反應，便會釋放出能量。各種食物中碳、氫、氧之間的化學鍵所貯存的能量，經消化後變成二氧化碳和水，並提供生命所須之熱量。

綠色植物也能行光合作用，攝取太陽光之能量，轉換為化學能貯存。其反應式為

$$6CO_2 + 6H_2O + 光能 \xrightarrow{葉綠素} C_6H_{12}O_6 + 6O_2$$
二氧化碳　　水　　　　　　　　　　　　醣　　氧

光合作用為吸收能量之反應，生成物所具有之化學能高於反應物。醣類如果沒有立即被利用，可以轉變為澱粉、脂肪、蛋白質等，俟需要時再轉變為能量。

核　能

原子核中除了重力和電磁力作用外，尚有強交互作用及弱交互作用之作用力。尤其強交互作用力，提供了很強的拉力，貯存能量於原子核，稱為核能。核能的釋放方式有兩種，一為**核分裂**，另一為**核融合**。

常見的核分裂反應，如鈾元素的原子核，受中子撞擊、分裂，釋放出大量的熱能，可做為核能發電或原子彈使用。至於核融合，及較輕元素如氕、氘的原子核，融合為較重的原子核時，也會釋出大量的能量。愛因斯坦 (Einstein) 提出了質能轉換定律

$$E = MC^2$$

物質質量 M 之損失，乘上光速平方 $C^2 = (3 \times 10^8 m/s)^2$，轉換為大量的能量 E。

3.4　能量轉換與守恆

在自然界中，聲、光、熱、電、功、物質、核子等皆是能量

不同的形式，它們之間可以互相轉換，但必須遵守能量守恆原理，或質能不滅定律。其中較常討論的觀念為機械能(或稱力學能)守恆原理。即一系統中動能和位能可以互相轉換，但總能量不變。例如一個受重力自由落下的皮球，位能減少的量等於動能的增加。水庫上的水由高處流至下方低處，也是位能轉換為動能；反之一個運動中的物體，撞擊而壓縮一條彈簧，若沒有熱量損失，則物體減少之動能，恰為彈簧位能之增加。

若系統之間相互作用時和熱能有關，由熱力學第一定律所述，系統內能之改變 (ΔU) 為吸收熱量 Q 和對外作功 W 的差。即

$$\Delta U = Q - W$$

很多能量轉換的過程，都會伴隨著熱能的消耗，如電能提供機械作功，因機械之摩擦等因素，會產生熱能。又如車子引擎將汽油化學能轉換為行駛動能，汽缸受熱溫度上升，必須用水加以冷卻。故我們常說：「熱是能量的墳場」。

太陽光能可轉換成熱能，如太陽能熱水器；電池化學能可轉換成電能；音響、電視可將電能轉換為聲能及光的影像；生物能將化學能轉換為熱能；摩擦作功可產生靜電，功轉換為電能。日常生活中能量轉換的現象，不勝枚舉。但能量卻不可能無形中生產或消失，即宇宙間的總能量是保持不變的。由此可知能量守恆定律在自然界中是多麼重要。

圖 3-13　能高山天冷下雪，滑雪者由高處下滑，造成位能和動能轉換。身體和雪地摩擦，也將轉換成熱能，使雪地加速溶化。

習　題

1. 地球作用在地球表面 1 kg 質量的物體為 9.8 N，1 kg 物體和地球質心距離為地球半徑 6.4×10^6 公尺，求地球質量？(1) 3 (2) 6 (3) 8 (4) 12×10^{24} kg ($G = 6.67 \times 10^{-11}$ Nm^2/kg^2)。

2. 地球表面重力加速度為 g；在地球兩倍半徑外的重力加速度為多少 (1) 2g (2) 4g (3) 1/2g (4) 1/4g。

3. 承上題，如果地球結構很均勻，在地球內部半徑 1/2 處的重力加速度為多少 (1) 2g (2) 4g (3) 1/2g (4) 1/4g。

4. 當你攜帶一顆 75N 重的保齡球沿水平方向穿越 10 m 寬的房間，對球作多少功 (1) 0 (2) 7.5 (3) 75 (4) 750 J。

5. 汽車以 50 km/h 行駛，當煞車鎖死時車子滑行 15 m，當速度為 150 km/h 則煞車鎖死時滑行多遠 (1) 30 (2) 45 (3) 90 (4) 135 m。

6. 如果星體崩潰後半徑為原來的一半，而質量不變，其表面之萬有引力增為 (1) 1/2 (2) 1/4 (3) 2 (4) 4 倍。

7. 如果地球為中空，但仍然具有相同的質量和半徑，你在目前位置的重量會 (1) 增加 (2) 減少 (3) 不變。

8. 相同速率之小轎車與大卡車對撞，何者所受的撞擊力較大 (1) 小轎車 (2) 大卡車 (3) 兩者相同。

9. 當位於往上加速的電梯內，你的體重會 (1) 增加 (2) 減少 (3) 不變。

10. 100 瓦之馬達，一小時可作功若干 (1) 100 (2) 1000 (3) 6000 (4) 3.6×10^5 J。

11. 以下何者的動能大 (1) 以 30 km/h 行駛的汽車 (2) 質量為前者的 1/4，但以 60 km/h 行駛的汽車 (3) 以上二者相同。

12. 舉起 5 kg 之石塊須用力多少牛頓？

13. 傘兵質量 50 kg，傘受空氣阻力 390 牛頓，則傘兵下降之加速度若干？

14. 質量 50 kg 之人由垂直桿下降，加速度 5 m/s^2，求桿對人之磨擦力若干？

15. 質量 5 kg 速度 2 m/s 之物體動能為何？

16. 用 10 N 力推 3 kg 物體，若摩擦力 4 N 則加速度若干？

17. 某球以初速 30 m/s 在懸崖邊垂直上拋 7 sec 後落到崖底則

崖深若干？

18. 初速 $40\sqrt{2}$ m/s 以 45° 角斜向拋出，2 sec 後之水平速度及垂直速度？

19. 某部汽車，當車速 30 km/h，其動能為 10 J，試問當車速為 60 km/h 時，動能為？J

20. 某車質量為 1000 kg，以 20 m/s 的車速前進，計算欲在 10 秒內將車停住之煞車力為？N

第四章
地球環境

當太空人登陸月球,將地球的畫面傳回地表,讓人類第一次看到自己生活的家時,無不讚歎地球的美麗,湛藍的海洋、翠綠斑點的森林、雪白移動的雲朵拼繪出一顆美麗的藍寶石,目前這一顆美麗的藍寶石正供養著約 60 億的人口,及無數的生物,承載高的生態負荷,人類理當以謙卑敬畏的心來疼惜地球。近年臺灣天然災害頻繁,生命財產受到威脅,住民除了應當學會,知地順理、趨吉避兇之外,更應尊重土地倫理。

4.1 獨特的地球

地球並不是一個正球體,其赤道半徑為 6378 km、兩極半徑為 6357 km,扁平率約 1/300,形狀是近似正球體的扁圓球體 (Oblate spheroid)。地表的最大相對高差約為 20 km,最高的喜馬拉雅山聖母峰為高於海平面 8,848 m,最低為低於海平面以下 11,033 m 的馬里亞納海溝,最高的聖母峰高度與地球半徑比,不到 1/700,因此我們所見人造衛星拍攝的地球,應是輪廓圓滑,可視為正球體。

大約 46 億年前,地球形成初期,不斷隕星撞擊,地球表面達熔點,成岩漿狀,而後地球表面溫度冷卻、產生大量火成岩結晶。在地球內部由於放射性物質放射衰度如鈾、釷等,內部熔化成熔融狀態、鐵、鎳高密度金屬沉入地球內部,密度較輕的岩石則浮到地球表面。

地球內部的結構是由地殼、地函、地核三部分所組成。地殼

主要成份為氧、矽，包含大陸地殼與海洋地殼，大陸地殼厚度約 35 公里，由上部矽鋁質的花岡岩質，及下部矽鎂質的玄武岩質所組成，海洋地殼厚度較薄，約 7 公里，由矽鎂質的玄武岩質組成。地函厚度約 2900 公里，主要由矽鐵鎂質的橄欖岩質所構成。地殼與上部地函組成岩石圈，漂浮於軟流圈之上。地球的最深層為地核，分為外核與內核，外核為液態，內核為固態，主要成份為鐵鎳質。

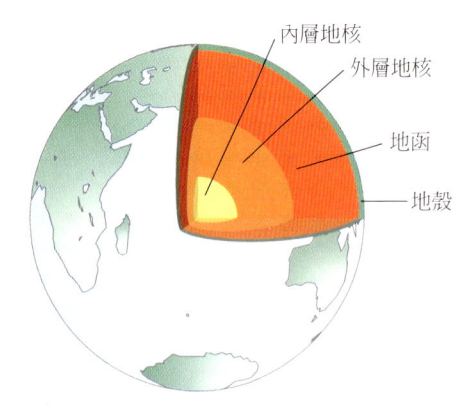

圖 4-1　地球構造、地殼、地函和地核

　　地球環境有大氣圈、水圈、岩石圈，及生息其間的生物圈，彼此交互作用建構獨特的地球，本章就大氣圈、水圈、岩石圈依序論述，生物圈留於生物章節。

4.2　大氣圈

大氣層的結構

　　環繞地球的大氣層受地球重力的吸引，愈向高空、密度愈低，距離地面 30 公里內，大約佔 99% 的大氣質量，一般而言，以 1000 公里的高空為大氣層的上界。依氣溫的垂直分布，大氣層可畫分為對流層、平流層、中氣層、熱氣層，人類及其所處的生態環境幾乎都位於對流層，此層高度因地而異，在對流旺盛的熱帶海洋區約 17 公里，兩極僅約 8 公里，對流層上面的平流層是臭氧層的集中區。

　　低空的空氣組成包含固定氣體、變動氣體及固態或液態微粒混合而成。固定氣體以氮、氧為主，大約佔 99%，及其它微量的氬、氖等，變動氣體主要為水汽、二氧化碳及臭氧等，變動的水

汽容積會隨不同時空而異，低空的水汽高於高空、洋面的水汽較內陸的水汽高，全球水汽最高的熱帶海洋，水汽含量可高到占空氣容積 4%，而沙漠或兩極地區可低至 1% 以下或零。

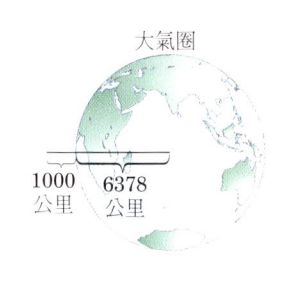

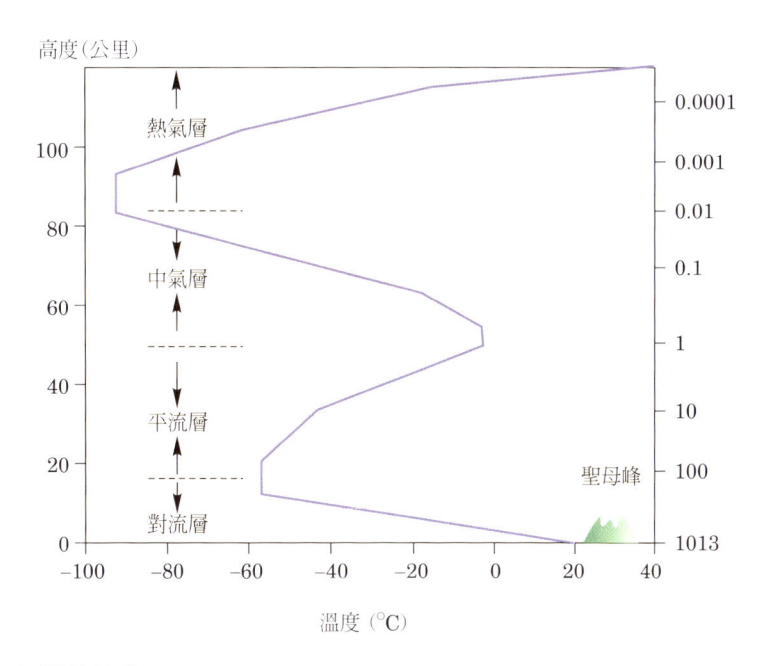

圖 4-2 大氣層的結構

表 4-1 低空空氣的主要成份

固定氣體		變動氣體	
氣體	體積百分率 (%)	氣體	體積百分率
氮 (N2)	78.084	水汽 (H_2O)	0－4
氧 (O2)	20.946	二氧化碳 (CO_2)	0.033
氬 (Ar)	0.934	臭氧 (O_3)	0.00001－0.00002
氖 (Ne)	0.00182	一氧化碳 (CO)	0.00002
氦 (He)	0.00053	二氧化硫 (SO_2)	<0.0000001
氫 (H2)	0.00005	二氧化氮 (NO_2)	<0.000000002

太陽輻射穿透大氣層照射地表，產生滋養大地的太陽能，同時地面也向外輻散長波輻射。長波輻射如被二氧化碳及水汽所吸收，形成保溫作用，稱為溫室效應 (atmospheric greenhouse effect)。工業革命後人類大量燃煤、石油和天然氣等，及森林的大量砍伐燃燒，二氧化碳較工業革命前增加了 30% 以上，導致

全球溫度上升、海平面上升等負效應。紫外輻射是具有傷害性的輻射線，臭氧層能吸收紫外線形成保護傘，但目前地球臭氧層中的臭氧量逐漸減少，主要肇因於人類製造氟氯碳化物 (chlorofluorocarbons，簡稱 CFC) 所致，南極上空臭氧層的破洞，即是明顯的例子。

溫壓與氣團、鋒面

氣溫：一日氣溫的變化主要是日照增溫、地面輻散冷卻，兩者相互調節的變化，白天太陽照射地面累積增溫，約於午後二到三點達到最高溫度，夜間地面持續輻散冷卻，最低溫度通常出現日出前後。將一日的最高氣溫減去最低氣溫，稱為日溫差，一年中的最高月均溫減去最低月均溫，則稱為年溫差。溫差的大小受緯度、距海遠近的影響，赤道緯度低，終年高溫，年溫差最小，北極圈附近內陸，因位處中高緯度，且深居內陸缺少海洋的調節，年溫差最大。

氣溫在對流層的垂直變化是隨高度遞減，平均每上升一百公尺溫度約下降 0.6 度。相反地，若氣溫隨高度而遞增，低空氣溫反而稍高，形成上暖下冷的現象，此現象稱為逆溫 (temperature inversion)，嘉南平原在冬季晴朗無風的夜晚，大量輻散冷卻，氣溫驟降，就是逆溫現象。

氣壓：從地面到大氣層頂的空氣柱重量所生的壓力，稱為氣壓。目前氣壓單位採用 MKS 制的百帕 (hpa)，一百帕相當於 1 平方公尺上有 100 牛頓的力，在緯度 45 度的海平面，一大氣壓力為 1013.25 百帕。

氣壓會隨高度增加而遞減，高於海平面 6000 公尺處，氣壓降低一半。氣壓高低各地不同，低氣壓的中心，氣壓較低，外圍空氣向中心流入而上升，上升的空氣遇冷成雲致雨，天氣多變，但也因風雨的吹洗有較好的空氣品質。北半球氣流成逆時針旋轉，名為氣旋 (cyclone)，梅雨、颱風都屬於氣旋。高氣壓的中心氣壓較高，空氣由中心向外下沉，天氣晴朗，但下沉氣流的高氣壓有如鍋蓋，地表所排放的髒空氣不易飛散，空氣品質不佳，且由於天空無雲，紫外線指數較高。

氣團和鋒面：在某一廣大、平坦地區，大範圍的空氣形成水平方

面具有溫度、濕度近似均勻物理特性的大氣塊，稱為氣團 (air mass)。氣團受發源地特性的影響，發源於高緯陸地的氣團，較在熱帶海洋形成的氣團冷乾，但是氣團遠離發源地日久，受所經地區的影響，逐漸改變其本性，稱為變性氣團。

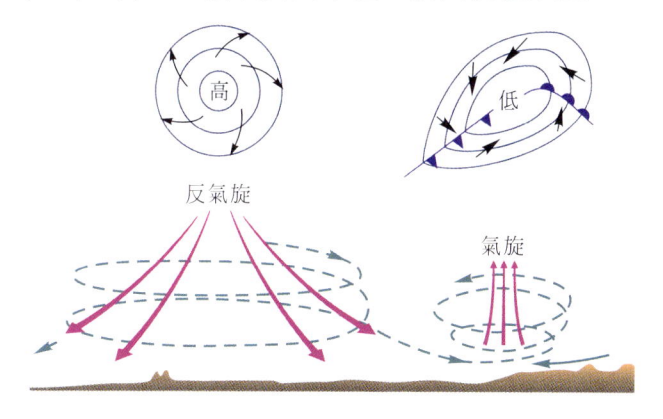

圖 4-3　氣旋及反氣旋

　　兩個性質不同的氣團相遇，形成一條溫度、濕度顯著變化的不連續帶，稱為鋒面 (frontal surface)。鋒面可分冷鋒、暖鋒、囚錮鋒、滯留鋒四種，鋒面移動時，若地面冷空氣推向暖空氣時，將暖空氣抬起，稱為冷鋒，導致降雨、氣溫下降、氣壓上升、風勢驟增等現象，常見於臺灣的冬季。若暖空氣推動冷空氣，緩慢爬升於冷空氣之上，則為暖鋒，會出現連續性的細雨。若冷鋒趕上暖鋒，將暖空氣抬離地面，為囚錮鋒，若冷、暖空氣勢均力敵，鋒面近似停滯不前，為滯留鋒，則會出現連續不斷的陰雨天，臺灣的梅雨即是。

臺灣常見天氣

三寒四溫：秋末至翌年初春，臺灣天氣出現週期性的變化。首先大陸冷氣團南下和南方暖空氣相遇形成冷鋒，在冷鋒尚未到達之前，天氣受暖空氣控制，吹微弱的南風，晴朗溫暖，但空氣混濁；而後冷鋒到達而降溫致雨，轉為強烈東北風的天氣，清除原有污濁的空氣。若冷氣團發達常常形成寒潮，氣溫急劇下降，造成農漁業損失。在寒冷天氣持續數日後，冷氣團在西風的影響下，向東出海形成分裂性高壓，轉為偏南風，天氣晴朗氣溫回升，空氣也逐漸混濁。

梅雨：到了晚春、初夏的五、六月，太平洋上的暖氣團發達，向北吹的暖空氣與北方的冷空氣對峙相持，形成滯留鋒面，持續下雨即是梅雨，若發生於秋季就是秋霖。梅雨期的第一個梅雨日為入梅，最後一個梅雨日即是出梅，梅雨期若梅雨不顯著，俗稱空梅或乾梅。梅雨期間若風向不同，會影響降雨的形態，吹暖濕的南風補充水汽，會增強雨勢，農諺有云「梅裏西南，老龍出潭」，若吹冷濕北風則連綿細雨，加長雨期，也就是台諺所稱「梅裏東北風，老鯽化成龍」。

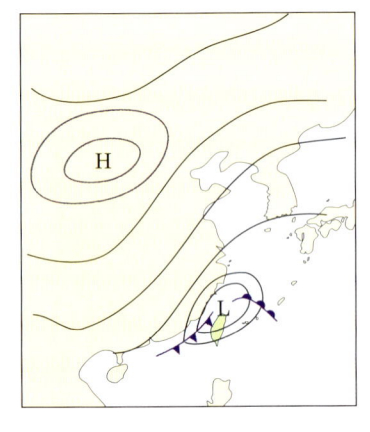

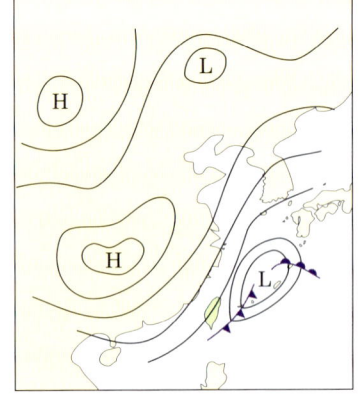

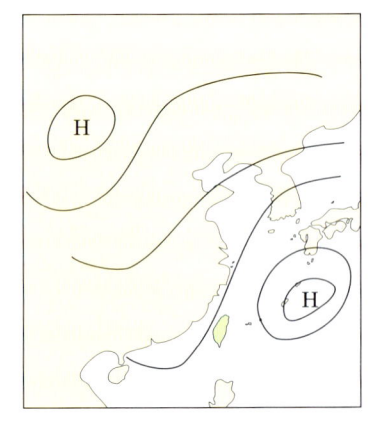

(a) 冷鋒前的微弱南風　　(b) 冷鋒後的東北季風型態　　(c) 分裂性高壓，偏南風

圖 4-4　臺灣秋冬週期性的天氣變化

颱風：颱風的河洛話為風颱，即是「風篩」，盛行於臺灣夏季及初秋。熱帶海洋面在充足的水氣和熱量等條件的供應下，加上地球的自轉作用，可能形成熱帶低氣壓，當風速達到每秒 17.2 m 以上時，就形成颱風。颱風的路徑常受東側太平洋副熱帶高氣壓外緣氣流所支配，高氣壓氣流有如河流，颱風就像河流中的漩渦，可以任意移動，但大方向皆受河流流向所支配，因此颱風的路徑 80% 以上，由東向西成拋物線進入臺灣。

　　完整的颱風由東向西進入臺灣，風向依序應為颱風前半部的偏北風、短暫無風的颱風眼、及後半部的偏南風，因此民間有「回南」之說。颱風路徑若通過基隆和彭佳嶼之間，向西北方前進，抵臺北正北方時，淡水河口的風向變成西北風，海水容易倒灌，洪水不易宣洩，洪流外溢成災，俗稱「西北颱」。秋天的颱風俗稱「秋颱」，在東北信風、東北季風、及颱風偏北風的輻合下，常有強大的風勢及降雨，而且路徑怪異，台諺有云「九月

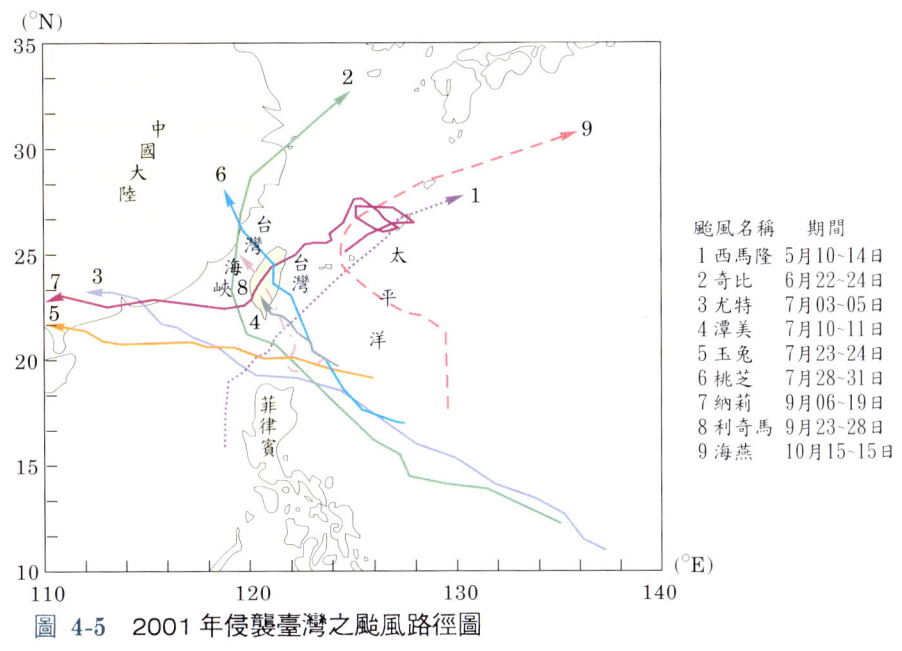

圖 4-5　2001 年侵襲臺灣之颱風路徑圖

參考資料：歐陽元淳

颱，無人知」。2001 年納莉颱風即是明顯的例子。颱風也常引進強烈的外圍環流，帶來豪雨。

4.3　水　圈

水循環

　　大氣中的水汽會經由冷卻、凝結而降水到地表，地表水也會透過蒸發 (evaporation) 回到大氣中，此循環稱為水循環 (hydrologic cycle)。降下的雨水，一部分蒸發返回大氣中，一部分入滲地下成為地下水，一部分為植物所吸收，其餘雨水順坡逕流 (run off)，再進入湖泊、河川、海洋，三部分構成為水圈。海洋匯集了 97% 以上的水，是地球上最大的水體；河川則是陸地上與人類息息相關的水體。

海水的運動

　　海水的運動主要包含波浪、潮汐、洋流三種。

波浪：波浪對海岸的侵蝕力最大，強大的波壓可由每平方公尺 300 公斤至 30,000 公斤，將岩岸雕塑出各種奇特地景，如野柳的

蕈狀岩、八仙洞的海蝕洞、和平島的豆腐岩等。若波浪前進的方向與海岸成斜交，破浪後便會形成與海岸平行的沿岸流，由於沿岸流會挾帶漂沙，導致沙岸產生侵蝕與堆積作用、屏東沿海防波堤常受損，即是侵蝕所致；彰化、嘉義的海埔新生地，雲林外海的外傘頂洲，臺南七股的潟湖都是受堆積的影響。

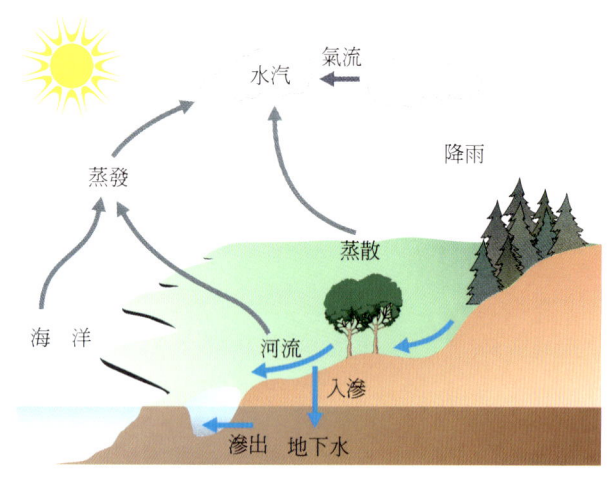

圖 4-6　水循環圖

波浪以風吹海面形成的風浪最為常見。臺灣東部及東北部的海面受東北季風、或西南沿海受夏季西南氣流的影響，海面常出現波淘洶湧，不利海上作業。夏季、初秋的颱風，低的中心氣壓可形成波長數百公尺的湧浪，伴隨海鳴，成為從前漁民預測颱風的徵兆。每年四月及十月滿潮或乾潮的前後，臺灣東北沿海常有巨浪吞噬釣客，就是俗稱的「瘋狗浪」。此外地震或火山爆發，可使海水受到猛烈震動產生巨大波浪，稱為海嘯 (tsunami)，1960 年智利大地震生成的海嘯，穿越太平洋，造成基隆和平島的

圖 4-7　野柳蕈狀岩 (女王頭)　　　　圖 4-8　臺南七股潟湖養殖

漁船及橋梁受損。

潮汐：海水因受日、月的引力影響，海面形成週期性的升降，每經十二小時二十五分起落升降一次。海面上升是為漲潮，下降是為落潮，最高水位稱為高潮，最低水位為低潮，高低的水位差稱為潮差。臺灣東海岸面臨太平洋，各地潮差變化較小，西部海岸的潮差，中段潮差大於南北兩段。潮差較大者，有利河港的清潔功能，但對船舶裝卸貨物不利，如高雄港潮差約一公尺左右，不利仁愛河的清潔作用，臺中港四公尺左右的潮差，卻造成貨物裝卸的不便。潮差配合地形常能形成觀潮勝景，每年八月中秋錢塘大潮，中外聞名，即是受錢塘江三角江海灣地形影響，形成湧潮，潮差可達 8 公尺。

河海交會時，由於海水較重，楔沒於河水底部，海水上溯的最前端，因前進無力，水流緩慢，泥沙淤積，易形成沙洲，不利船隻航行，淡水河關渡附近河段淤沙嚴重，就是受此影響。海水會隨潮汐升降而帶動河水水位、鹽份、流速等成週期性變化，感應潮汐影響的河段，稱為感潮河段 (tidal river)，基隆河的感潮河段到達汐止 (舊稱水返腳)，地名即能顯示此意義。再者，颱風侵臺時，若正值朔望後的大潮期，海水面高漲，不利洪水外洩，易釀成水災。

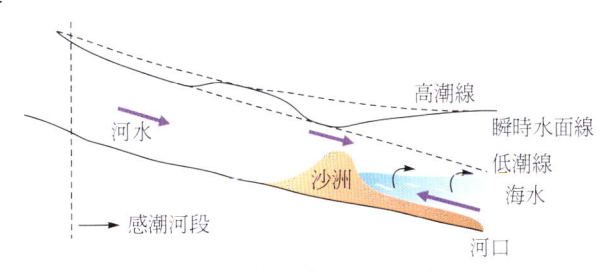

圖 4-9　河海交會形成沙洲及感潮河段

洋流：海水持續緩慢地作定向水平流動，稱為洋流。若流經的海水較當地的水溫高，稱為暖流，暖流會使當地溫度上升、濕度增大、海港不易結冰，北歐挪威冬季海上活動發達，即受北大西洋暖流之賜。若流經的海水較當地的水溫低，稱為寒流，寒流流經氣溫降低，空氣穩定，不易下雨。

臺灣夏季黑潮主流流經東岸，支流及南海季風流進入臺灣海峽，形成臺灣沿海地區濕度大、氣溫高。冬季黑潮主流依然進入

東岸，支流進入臺灣海峽，與東北季風吹送南下的沿岸冷流交會於澎湖，而後折返南下進入南海，如此造成臺灣冬季西部，南北溫差達 3 度以上。

河流的作用

水因重力作用，水性就下，上游因坡度較大，河床下切侵蝕，經由河水搬運，堆積於下游坡度平緩區，如此反覆進行，侵蝕和堆積近於平衡，而致河流縱剖面成一均夷剖面 (graded profile)。

侵蝕作用：河流的侵蝕作用有向源侵蝕，又稱為加長作用，常發生於山谷的頂點。伴隨山崩現象，向源侵蝕容易產生低位河對高位河，進行河川襲奪作用 (stream piracy)，如秀姑巒溪向源侵蝕，切穿海岸山脈，襲奪花蓮溪而加長。河流的側蝕，容易形成河流加寬，稱為加寬作用，擺動的河水對凹岸侵蝕，河岸較陡，稱為攻擊坡，而凸岸進行堆積，河岸變緩，稱為滑走坡，如此河道彎曲即是曲流。河流若向下侵蝕，稱為加深作用，雕塑瀑布、河階、壺穴、及峽谷等地形。

圖 4-10　陳有蘭溪支流清水溪的壺穴　　　　圖 4-11　曲流

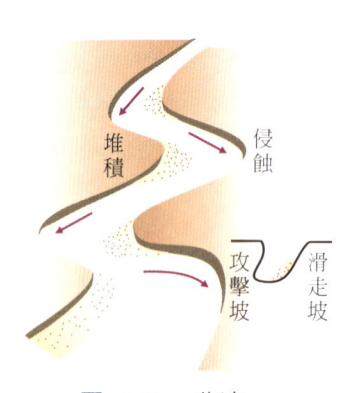

搬運作用：河流搬運的方式有溶解、懸浮、掃動。若河流主要來自地下水，可能含有較高的溶解質，若流經山崩地區，河流可能含有較高的懸浮質，而具有強大水流能的河流，河床的岩塊、卵石會被河水掃動，以滾動、或滑動的方式向下游移動。岩塊在搬運過程中產生摩擦、碰撞而變圓，形成卵石，並且向上游的方向傾斜，覆蓋下方卵石，形成覆瓦作用。河流向下游流動，坡度漸減，水流能漸小，搬運力降低，卵石逐漸變小，到出海口僅剩砂

圖 4-12　地層不整合，礫石層有明顯覆瓦現象，可判斷古河流向（攝於臺中縣中興嶺）

泥，每一河段的卵石大小均勻。

堆積作用：若河流的流速減慢、流量減少、及泥沙量增加都會形成堆積作用。河流流出山谷進入平原，在山麓地方會堆積形成山麓沖積扇，河流流至河口淤積形成三角洲，皆由於流速減慢造成堆積作用。

圖 4-13　三義火炎山的沖積扇地景

4.4　岩石圈

岩石循環

　　地表露岩受風化作用 (weathering) 或塊體崩壞 (mass wasting) 等作用，崩解或分解形成土石岩屑，土石岩屑經河流的搬

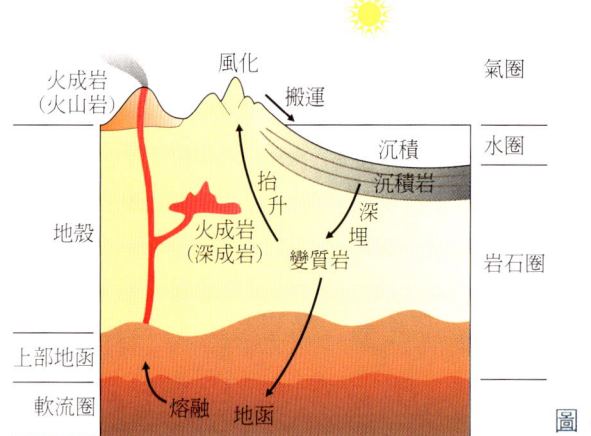

圖 4.14 岩石循環

運沉積於海洋，或沉積於河川形成沉積岩。另一方面沉積岩受地殼變動而隱沒下沉，深埋的沉積岩在熱力、壓力的環境下，會變質成為變質岩，若沉積岩進入更深層的軟流圈，高溫下熔融成為岩漿 (magma)，而岩漿則會循著地殼破裂的地方侵入或噴出，成為火成岩。

岩石圈的營力

整個岩石循環的營力應包含來自地球內部的內營力、及地球外部的外營力，內營力包含板塊運動、火山作用等，外營力則是風化、崩壞、侵蝕、搬運、及堆積等作用。侵蝕、搬運、堆積作用已於前節論述，本節僅論述板塊運動、火山作用、風化作用、及塊體崩壞四項。

板塊運動：地殼板塊是漂浮於軟流圈之上，因受軟流圈的熱力對流而漂移，目前有七大板塊、及一些較小的亞板塊。來自軟流圈熱流熔解的物質，會於中洋脊流出形成新地殼，進而推移兩側造成海底擴張分離，中洋脊有時出露於陸地，如高緯度的冰島，由於大西洋中洋脊的經過，帶來地熱得以從事溫室栽培。目前地球的海底擴張仍陸續發生且持續擴張，由東非洲裂谷、紅海、挪威海、到大西洋，是一系列海底擴張的動態過程。位於兩條中洋脊之間的地段，板塊移動方向相反，相互錯動，稱為轉形斷層，地震活動頻繁。

擴張的板塊外緣會與其他板塊產生碰撞聚合，由於海洋板塊比重較陸地板塊重，碰撞時海洋板塊隱沒到陸地板塊的下方，隱

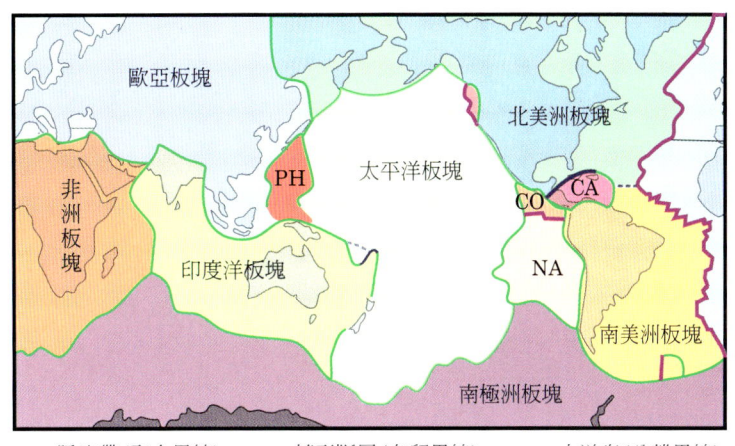

圖 4-15 世界上主要的板塊和板塊界線的性質

沒處由於拉牽的現象出現海溝。深入地函的海洋地殼受熱熔融，再循陸地邊緣破裂處湧出，形成島弧，伴隨於海溝後方。西太平洋上的花彩列島就是一系列的島弧，而中國大陸東半壁大規模震且方向的山脈，也是受海底擴張海洋板塊擠壓形成的大地褶曲。若陸地板塊與陸地板塊碰撞，由於彼此比重較輕擠壓舉升，容易形成大褶曲山脈，如喜馬拉雅山脈等。

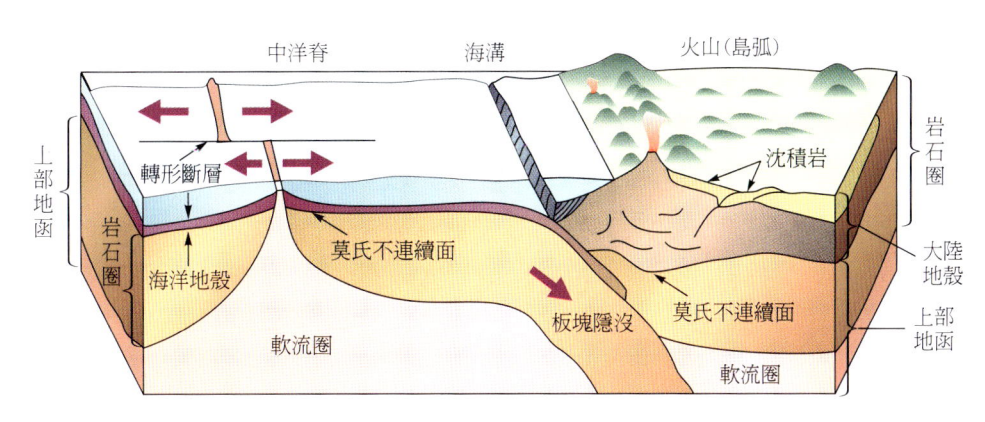

圖 4-16 板塊間之相對運動示意圖

火山作用：岩漿是地殼岩石，或上部地函物質熔融形成的矽酸鹽類物質，常含有氣體。一般而言，依其化學成份可分為兩種，第一種以玄武岩為代表，主要為海洋地殼、或上部地函岩石所構

圖 4-17　澎湖的鯨魚洞，是海蝕門，且可見柱狀玄武岩

圖 4-18　菲律賓皮納土波火山所噴發的火山灰

成，岩石顏色較黑，比重較大，矽酸鹽含量較少；第二種以流紋岩為代表，主要為大陸地殼的岩石，顏色較淡，比重較小，矽酸鹽的含量較多。島弧則可產生安山岩，或玄武岩。

　　岩漿是具有黏滯度的流體，在矽酸含量較多，溫度較低，液態揮發物較少的情況下，黏滯度較高，流動較慢，常於火山頸固化。岩漿、氣體可以累積形成岩漿庫，然後在強大壓力下，出現猛烈式的噴發，地表拱起形成火山錐，並出現火山口，火山口若積水成湖，則為火口湖。臺灣大屯山、日本富士山、義大利的維蘇威火山都為此型，火山熔岩以安山岩為主，其中維蘇威火山灰曾掩蓋整個龐貝城。相反地，黏滯度較低，流動較快，岩漿自火山口，或火山裂隙湧出，形成熔岩平原、熔岩臺地、熔岩高原，或盾狀火山，稱為寧靜式噴發。火山熔岩常以玄武岩為主，澎湖柱狀節理地景、美國夏威夷火山及哥倫比亞高原都是此類。

風化作用：曝露於地表的岩石，受大氣、水、生物等的影響，產生原地崩解或分解的作用，包含結晶增壓、熱脹冷縮產生岩石崩

圖 4-19　風化窗

解的物理風化，及氧化 (oxidation)、水解 (hydrolysis)、溶解 (solution) 等岩石分解的化學作用。風化過程中由於地層的軟硬差異，會產生差別風化地形，如蕈狀岩、風化窗等，若是風化作用發生於石灰岩地質區，則會形成溶蝕地形。

塊體崩壞：地表侵蝕、風化的物質，受重力作用沿坡下滑的現象，稱為塊體崩壞，而坡度大小、水份含量、土石間的膠結程度、地層的不連續面發達程度，會影響塊體的崩壞。常見崩壞有山崩、土石流、泥流及潛移等方式。

圖 4-20 邊坡崩壞　　　　　　　　圖 4-21 花蓮羅山泥火山泥流

　　山崩是塊體快速墜落或滑移等的崩壞方式，鬆軟岩塊 (頁岩、泥岩等)、坡度大、順向坡、砂頁岩層 (或砂黏土層) 互疊的環境，在異常的降雨、地震、或人為不當破壞，都容易造成山崩。

　　土石流是巨石、礫、砂、泥等岩石碎屑與水混合，受重力牽引向下流動的現象，多發生於山坳或河谷中。土石流形成的三個條件，包含鬆散厚層的岩層，提供充足的泥石材料；土石飽含水分，減少摩擦；適當的坡度，提供土石下滑的驅動力。

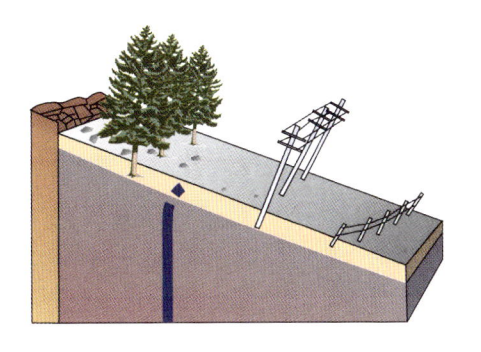

圖 4-22 潛移現象

泥流有固定流道，雨水充足及植被稀少的地區為必要條件，若位於泥岩、或凝灰岩、火山灰聚集的谷口都容易發生。臺灣常見於泥火山，是臺灣特殊的景觀，如月世界附近的大、小滾水。

　　潛移的地層移動速度緩慢，肉眼不易察覺，容易造成房屋、擋土牆等的龜裂、傾倒，可經由電線桿、墓碑、樹木的傾斜判斷，大安溪旁的火炎山常可見傾斜彎曲的馬尾松，就是明顯的例子。

4.5　臺灣地體與天然災害

臺灣地史

　　臺灣是一個具有地槽和島弧雙重地質背景的島嶼，由於地處活動帶，活斷層遍佈、地震頻繁。臺灣地史上主要有兩次造山運動，第一次為中生代末期的南澳造山運動 (約 7000-8000 萬年前)，第二次為上新更新世的蓬萊造山運動 (約 200 萬年前)。

南澳造山運動：臺灣最早或第一代地槽可能發生在古生代後期及

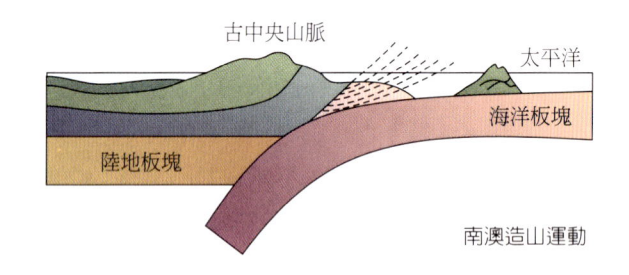

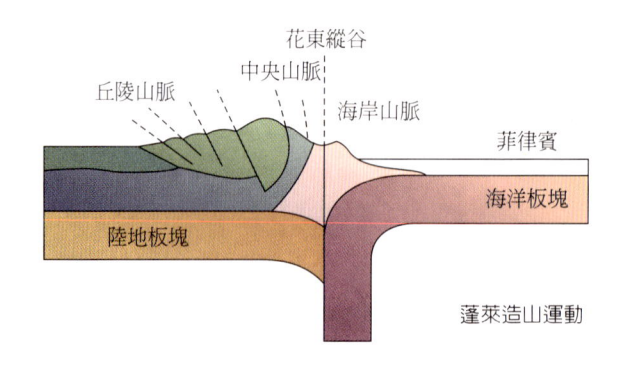

板塊運動示意圖 (參考阮維周先生原圖)

圖 4-23　南澳與蓬萊造山運動示意圖

中生代，其中沉積相當厚的砂岩、頁岩、石灰岩及火山作用的火成岩，這個地槽歷經多少次的造山運動及岩漿活動到現在還不清楚，但是最後大致在中生代後期的南澳造山運動中結束，形成山脈，並且發生強烈的變質作用。所以第一代地槽中堆積的巨厚沉積岩和火成岩都已變成變質雜岩系，成為臺灣的基盤，目前露出的範圍是中央山脈東斜面地區。此造山運動是古太平洋板塊隱沒到古亞洲陸緣之下的運動。

蓬萊造山運動：第二代地槽就發生於第一代地槽的變質雜岩上。到了中生代末期或第三紀初期，已成為陸地的臺灣又下沉，成為第三紀地層的沉積場，第三紀中期中央山脈隆起成為島嶺，分隔東西兩個新第三紀地槽盆地。西邊為次等地槽盆地(火山活動較弱地槽)，範圍包含中央山脈西側丘陵延伸到西部濱海平原、臺地、及臺灣海峽，沉積物以碎屑性岩類為主，多砂岩、頁岩，局部有礫岩和石灰岩。東邊為優等地槽盆地(火山活動較頻繁的地槽)，也就是呂宋島弧前盆地，主要沉積物為碎屑性沉積岩和火成岩，現為海岸山脈及延伸的綠島、蘭嶼。這些地槽在上新更新世蓬萊造山運動中隆起，此造山運動為歐亞板塊及菲律賓板塊的聚合和衝撞。菲律賓板塊以每年約 7 公分的速度由東南向西北推移，向西衝上，向北隱沒，板塊衝撞的縫合線就是今日的花東縱谷。

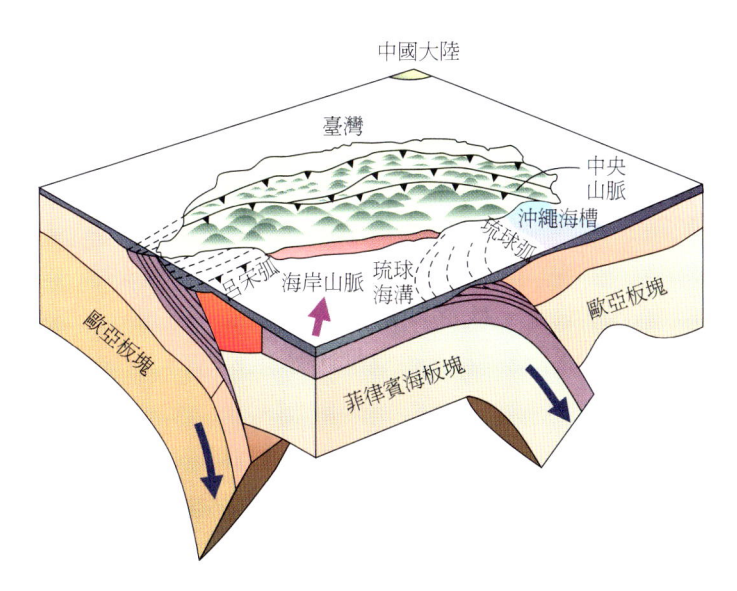

臺灣板塊構造及陸弧碰撞的立體示意圖
圖 4-24　臺灣地體構造

臺灣現代最重要的構造運動為強烈的垂直運動，從更新世晚期開始，至今仍繼續上升。臺灣上升率是世界最高中的一個，全新世以來臺灣南部及海岸山脈的平均上升率為每年 5±0.7 公釐，北部海岸區大約每年 2 公釐到每年 5.3 公釐，而中央山脈的上升率和侵蝕率近乎相等，大約為每年 5.5 公釐。

天然災害

由於臺灣島及其附近地體構造複雜，地震頻繁、山高水急，又位處熱帶及亞熱帶氣候區，岩石受侵蝕、風化加速，潛藏許多災害危機，而人的超限開發帶來了更多的災害問題。天然災害的發生常常造成大量生命、財產的損失，島上住民有必要了解成因及防範之道。

近年臺灣常見的天然災害，有地震、颱風、洪水及其造成的山崩及河川侵蝕。本節主要列出地震、颱風洪水災害。

地震：臺灣位處環太平洋地震帶上，臺灣島 50 餘條的活斷層，大致以中央山脈為界分東西兩帶，東部是位於花東縱谷，此為板塊的接縫線，交會較深，中等至強烈地震多屬深源地震，且震央大致位於外海，本島感受的震度較小。另一處位於西部平原或盆地區，人口分布較多，由於東南方持續的擠壓力，與西邊弧狀北港基盤高區的挾擠產生斷層，震源極淺 (0～30 km)，全島感受的震度較大，且影響範圍較廣。

地震不僅地震能量所及之處，造成人為設施的直接受損，引發傷亡之外，也會導致山崩、地滑、土壤液化等自然災害，在某些地區更因瓦斯外洩、電線走火、引發火災發生。1999 年集集大地震是臺灣百年大地震，導因於車籠埔斷層線的活動，重創臺灣。

颱風、洪水：臺灣夏、秋之間形成的颱風，不僅風力強勢，更挾帶數日的豪雨，河川流量突然增加，水位暴漲，河水溢出河岸，氾濫形成洪水。颱風的強風可能導致沿海地區海水倒灌，房屋、農作物淹水，危及生命財產；颱風挾帶的豪雨，對地表產生嚴重的沖蝕作用，可能致使電力高壓鐵塔倒塌，電力中斷，也可能造成山崩，影響交通。洪水使得河水高漲，沖毀橋墩，橋樑斷落，交通受阻，若河堤潰決，引起水災。

表 4-2 主要天然災害分類表

災害類形	示意圖	原因	重要案例地點
地層斷線隆起		地層受到擠壓隆起，甚或斷陷，多為斷層通過之處	臺中霧峰光復國中
落石		因邊坡坡度太陡，造成坡上物質不穩定而崩落	嘉義縣阿里山公路沿線、石棹、南投縣台21號省道、新中橫公路沿線、神木、屏東縣好茶
土石流		谷中堆積的土石，因含水量達飽和，受重力牽引流動	南投縣郡坑野溪、郡坑社區、南平坑、郡坑橋、豐丘
地滑		平面型：順向坡坡腳移除使地層下滑 弧型：細粒均質軟弱厚層物質之邊坡	草嶺、九份二山
坡腳侵蝕		坡腳受到侵蝕而掏空，使上覆物質缺乏支撐，受到重力影響而掉落	嘉義縣阿里山公路、南投縣陳有蘭溪橋、初鄉橋、愛國社區、三十甲、苗栗縣汶水舊橋
海岸侵蝕		海岸受到海水掏刷而崩壞	彰化縣大城、芳苑、嘉義縣東石
橋墩沖刷		橋墩底部的物質被河流帶走，因而露出其根部	新竹縣頭前溪橋、屏東縣里港大橋、高美大橋
洪水		因颱風、暴浪沖毀堤防，或是因為人為的疏失，造成內陸地區積水	彰化縣大城、芳苑、嘉義縣東石、台北縣土城、板橋
堰塞湖		河道被崩積物堵塞，因而在後方積水成湖	草嶺、九份二山
土壤液化		含水的物質受到震動後，水沿裂隙溢出，使地面下陷	臺中港碼頭
乾旱		長期雨量稀少	台灣南部地區每年10月至次年4月為乾季

參考資料：天然災害手冊 (民國 89 年) 行政院農業委員會出版

圖 4-25　九二一地震造成的斷橋與瀑布

　　颱風、洪水的水土災害類型，依其所在之地形位置分為：陡坡上、下邊坡；河岸位處攻擊坡；谷口位於舊時所堆積的亞穩定堆積層，或集水區內具有較大規模之活動性崩塌地；河川中心；沿海地區與河川下游之洪氾區等五類。

習　題

1. 人類及其所處的生態環境是位於 (1) 對流層 (2) 平流層 (3) 中氣層 (4) 增溫層。
2. 空氣的主要組成元素為 (1) 氮、氧 (2) 氬、氖 (3) 氫、氦 (4) 二氧化碳、臭氧。
3. 梅雨是那一種鋒面 (1) 冷鋒 (2) 暖鋒 (3) 囚錮鋒 (4) 滯留鋒。
4. 若颱風由東向西進入臺灣，風向首先吹偏 (1) 北風 (2) 南風 (3) 無風 (4) 西風。
5. 地核的主要成份為 (1) 矽鋁質 (2) 矽鎂質 (3) 矽鐵質 (4) 鐵鎳質。
6. 臺灣位於那兩個板塊的交會 (1) 歐亞大陸－菲律賓海板塊 (2) 歐亞大陸－印度板塊 (3) 歐亞大陸－非州板塊 (4) 歐亞大陸－西伯利亞板塊。
7. 九二一集集大地震主要是哪一活動斷層的活動所致 (1) 屯仔腳 (2) 雙冬 (3) 車籠埔 (4) 清水 (5) 觸口斷層。
8. 臺灣俗稱的西北雨是屬於 (1) 氣旋雨 (2) 對流雨 (3) 地形雨 (4) 季風雨。
9. 冬季北部下雨南部缺水主要是何種雨的影響 (1) 氣旋雨 (2) 對

流雨 (3) 地形雨 (4) 季風雨。

10. 海底擴張的動力來源主要來自 (1) 造山運動 (2) 軟流圈的熱對流作用 (3) 地球自轉 (4) 大陸漂移。
11. 岩石圈是地殼和 (1) 上部地函 (2) 軟流圈 (3) 下部地函 (4) 地核兩者組成。
12. 澎湖柱狀節理地景是 (1) 安山岩 (2) 花崗岩 (3) 橄欖岩 (4) 玄武岩熔岩所形成。
13. 居家選擇應避免位於河川的 (1) 滑走坡 (2) 攻擊坡 (3) 緩坡 (4) 下游。
14. 海蝕洞形成的主要營力為 (1) 波浪 (2) 潮汐 (3) 洋流 (4) 溶蝕作用。
15. 錢塘觀潮中外聞名，因為海灣地形為 (1) 三角洲 (2) 三角江 (3) 峽灣 (4) 谷灣。
16. 大安溪旁火炎山，常見馬尾松樹幹傾斜彎曲，是 (1) 山崩 (2) 土石流 (3) 土流 (4) 潛移的影響。
17. 岩漿溢流凝固，推動板塊分離的地形稱為 (1) 島弧 (2) 海溝 (3) 中洋脊 (4) 轉型斷層。
18. 說明高低氣壓與風向、空氣品質的關係。
19. 臺灣主要有那兩次造山運動。
20. 簡述水循環過程。

第五章

生命的奧秘

　　地球表面有生命存在的地方稱為生物圈。它的範圍包括地表至約一萬公尺的高空，以及深至數千公尺的海底，所有的生物均生活在這上下約十餘公里的空間中。

　　若是窮本溯源，我們會發現生物體其實和石頭或鋼鐵一樣，都是由各種元素組成的，但是生物體卻能呈現複雜的生命現象，能繁衍後代，還能將自身的特性遺傳給後代。億萬年來，經過漫長的演化，地球上充滿了形形色色的生物，成為一個「活生生」的地球。本章即將討論有關生物的各項主題。

圖 5-1　即使在終年積雪的高山上都有生物生存（中國雲南的玉龍雪山）

5.1　生命現象與生物特性

　　談到生物，我們的第一個問題是「什麼是生物？」或「生命

與無生命的物體如何區分？」以下就來看看生物具有那些特徵。

細胞：所有生物都是由細胞構成的，無生命的物體則沒有細胞。例如，將一塊大石頭打破、磨碎放在顯微鏡下仍無法看到細胞。

代謝：一個活的生物體內必定不停的進行各種代謝作用。其中，合成代謝是將小分子合成大分子，又稱同化作用；而分解代謝則是將大分子分解為小分子，又稱異化作用。當體內同化作用大於異化作用時，生物體便會生長。無生命的物體有時也會生長，如冰柱和鐘乳石都能逐漸增長，但那是由於外部物質的堆積所造成，與生物的生長不同。

生殖：生物生長到一定程度即成熟，並藉由生殖來繁衍後代，以使種族綿延不絕。如果不能繁衍後代，生命的存在便沒有意義。

圖 5-2　生物都會繁衍後代 (交尾中的椿象)

感應：生物會感受到外來的刺激並做出反應，如動物會察覺獵食者而躲避，候鳥能得知季節變化而遷徙。植物也有感應現象，如根會向水生長，莖會向光生長等。

　　除上述以外，像適應、遺傳、恆定性等均為生物具有的特徵。有時無生命的物體亦可能具有這些特徵中的一、二項，但我們可由其他項目來予以判別。例如，一只警報器能感應而鳴叫，但它不具有細胞，不會生長⋯，因此不是生物。

細胞中的物質

　　活細胞內有許多物質，其中以水、蛋白質、醣類、脂質和核酸最多，另有維生素和無機鹽類等。

　　水在細胞中含量不等，但通常都在 65% 以上，因此水是細胞中最多的物質。水對細胞十分重要，因為水是最好的溶劑，能

溶解許多物質，幾乎所有生物體內發生的化學反應都在水溶液中進行。其次，水能輕微的解離為 H^+ 和 OH^-，可調節溶液的酸鹼度，因此能影響細胞內酵素的作用。

蛋白質為生物體內含量最多的有機物，約佔身體乾重量的 75%。在生物體中，蛋白質具有許多重要功能，如催化生化反應的酵素，運送氧氣的血紅素皆為蛋白質。胰島素是能調節血糖的激素，它也是蛋白質。此外，蛋白質還構成肌肉中能收縮的肌凝蛋白與肌動蛋白；我們的毛髮、指甲及鳥的羽毛也是蛋白質構成的。

醣類是生物體中主要的能量來源。例如，葡萄糖是光合作用的產物，也大量存在動物血液中，人體攝食的醣類食物通常皆轉變為葡萄糖，然後才吸收利用。

脂質常被生物體用來儲存能量或保持體溫，像生活在極區的海象或鯨，皮下脂肪特別厚，可助其抵禦寒冷。此外，脂質不溶於水，可將細胞內部分隔為不同區域，使代謝作用能同時進行而互不干擾，因此脂質是細胞中各種膜，如細胞膜、核膜的主要成分。

核酸有二種：去氧核糖核酸 (deoxyribonucleic acid，簡稱 DNA) 及核糖核酸 (ribonucleic acid，簡稱 RNA)。DNA 攜帶遺傳訊息，可以決定細胞製造的蛋白質種類；RNA 則可轉錄、轉譯 DNA 的遺傳訊息，參與蛋白質的合成過程。

細胞的構造

如前所述，生物均由細胞構成，有些生物僅有一個細胞，稱為單細胞生物，如草履蟲、酵母菌。其他生物則是由許多細胞構成的多細胞生物，如人、魚、鳥、樹木等。

細胞很小，一般要用顯微鏡才能觀察，例如人類的卵細胞直徑為 140 μm (1 $\mu m = 10^{-6}m$)；酵母菌為 10 μm；大腸桿菌 3 μm。不過，也有些細胞相當大，用肉眼即可辨識，像傘藻 (*Acetabularia*) 只有一個傘狀的細胞，長達八公分。不過，最大的細胞仍屬動物所有，像人體的坐骨神經細胞可長達 1.5 公尺；鳥類的未受精卵也是一個細胞，因此鴕鳥的卵可說是世界上最大的細胞了。

不論細胞形體差別多大，基本結構均相似，由外至內有細胞膜、細胞質、細胞核 (但細菌與藍綠菌等原核生物則不具細胞核)。

細胞膜能區隔細胞的內部與外界，並以選擇性通透來調節物

質進出細胞。細胞質為水及溶質構成的膠狀基質，內含各種微細構造以進行生理代謝作用。例如，粒線體就像細胞內的發電廠，能產生能量供細胞活動；核糖體負責合成蛋白質，高基氏體則將蛋白質包裝後再分泌至細胞外。

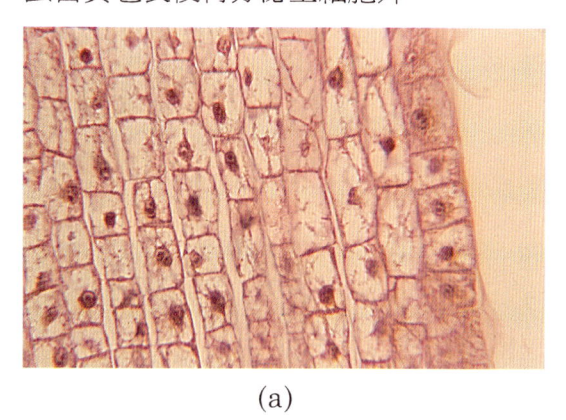

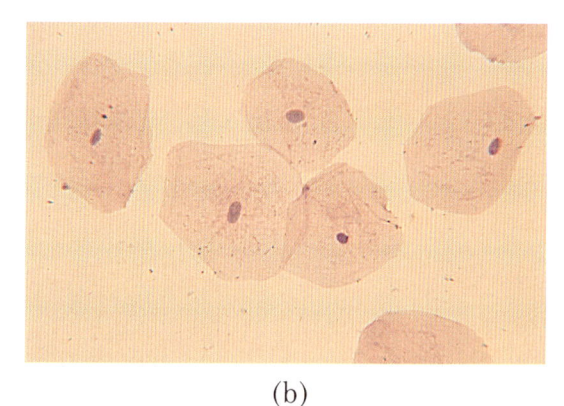

(a)　　　　　　　　　　　　　　　　(b)

圖 5-3　(a) 植物細胞 (玉米根尖)；(b) 動物細胞 (人的口腔粘膜)

　　在植物細胞中間常有一個大液泡，其內充滿了水，可貯存糖、鹽、色素或毒素。植物細胞亦含有葉綠體，其內有葉綠素，可以進行光合作用製造食物。

　　細胞核是細胞的指揮中樞，細胞核中最重要的是呈細絲狀的染色質 (chromatin)，係由 DNA 和蛋白質結合而成。當細胞即將分裂時，已複製的染色質會濃縮成繩結狀的染色體 (chromosome)，這時便可在顯微鏡下觀察到。每種生物都有固定的染色體數，例如，人類為 46 條，甘藷有 90 條，果蠅則是 8 條。

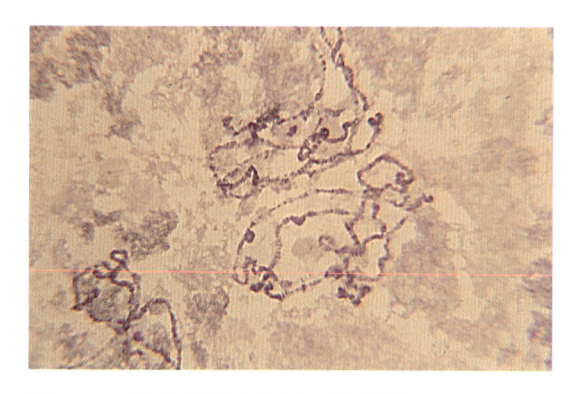

圖 5-4　果蠅唾腺中的巨大染色體

　　在染色體中含有許多基因 (gene)，根據最新的研究，人類的 46 條染色體中總共約有三至四萬個基因。基因是遺傳的基本單

位，其攜帶的遺傳密碼可以指示細胞合成各種蛋白質，進而控制生物的形性表現。

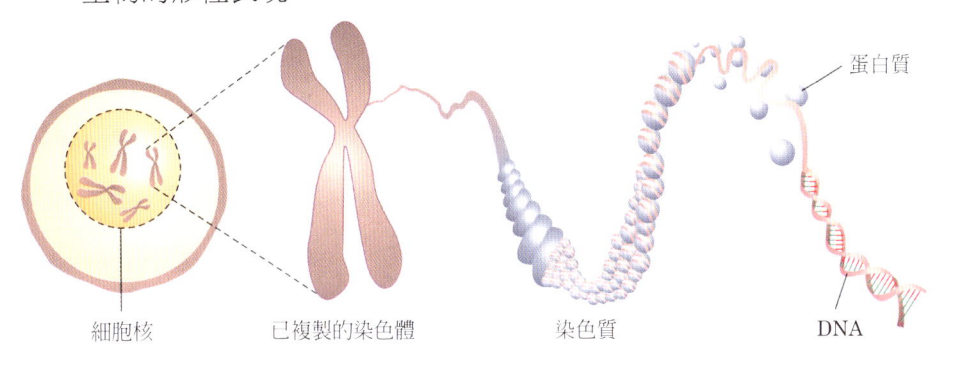

細胞核　　已複製的染色體　　染色質　　　蛋白質　DNA

圖 5-5　染色體由 DNA 和蛋白質結合而成

在植物、真菌、原核生物及部分原生生物的細胞膜外還具有細胞壁，動物細胞則無此構造。細胞壁無生命現象，功能為保護細胞及維持細胞的形狀。植物的細胞壁主要成份為強韌的纖維素，使其具有支持功能。有些植物在細胞壁中還沈積木質素使其變得更為堅硬，樹木因此能屹立不倒，我們也才有木材可以使用。

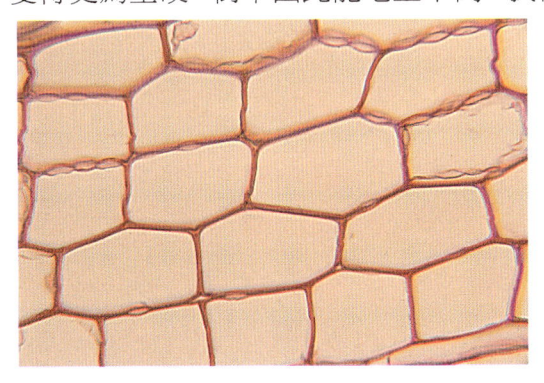

圖 5-6　細胞壁使植物細胞有固定的形狀（木栓細胞）

細胞分裂

細胞自環境中獲得養分並將之合成細胞的成份，細胞乃逐漸長大。當細胞長到一定大小便會分裂，即由一個變為二個；子細胞會再長大、然後分裂。對於單細胞生物而言，細胞分裂即是繁殖後代。例如，一般細菌在條件良好時，每二十分鐘即可分裂一次，由此可知為何病菌侵入人體後會迅速出現病徵。

對於多細胞生物而言，細胞分裂可使個體成長、汰換老舊的

細胞或更新傷口上的死亡細胞等。例如，我們每個人最初都是由一個精細胞和一個卵細胞結合而成，此受精卵會一再進行細胞分裂並分化而產生不同的細胞、組織，及器官。又如我們體內負責運送氧氣的紅血球，每個平均生命約有三個月，因此骨髓中會不斷製造新的紅血球以補充之。

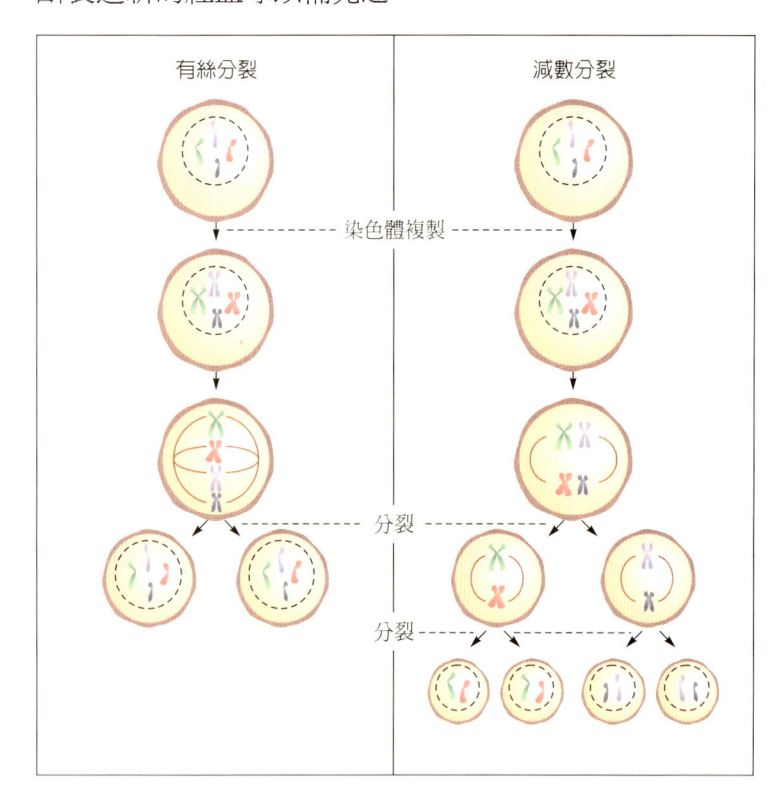

圖 5-7　有絲分裂和減數分裂的比較

　　細胞分裂主要分為有絲分裂 (mitosis) 及減數分裂 (meiosis)。有絲分裂發生於一般的體細胞，分裂後產生的二個子細胞具有和母細胞完全相同的遺傳物質。減數分裂則製造出具有不同遺傳特性的生殖細胞 (配子)，每個子細胞中僅含母細胞遺傳物質的一半。

　　以人為例，我們具有 46 條染色體，在皮膚細胞、肝細胞等體細胞行有絲分裂後形成的細胞中仍具有 46 條染色體。另外，在睪丸或卵巢中則行減數分裂產生僅含 23 條染色體的精子或卵，受精時，精卵結合，後代又恢復為 46 條染色體，並且有來自父母各一半的新遺傳組合。

　　在人體中，皮膚與消化道內面的粘膜細胞因經常磨損而保持

旺盛分裂。肝細胞平時幾乎不分裂，但當肝因手術或疾病而受損時，肝細胞便快速增殖到肝臟恢復原來大小為止。另外，像構成腦的神經細胞及構成心臟的心肌細胞均不進行分裂，腦的數百億神經細胞每天會死亡數萬個，因此神經細胞的數目隨年齡增長而減少。

5.2 生物的遺傳

我國有句俗諺：「龍生龍、鳳生鳳」，又道「種瓜得瓜，種豆得豆」。可見古人很早就知道生物的特徵可以傳給下一代，更將之運用在改良生物的品種上。例如，從宋朝開始，人們便將鯽魚加以選種、培育成為觀賞用的金魚，九百多年後的今天，在水族館中已有無數品種供愛好者挑選。

圖 5-8　金魚的許多品種是經過長期選種、培育而來的

不過，古人雖然能操控某些生物的遺傳，卻始終不明瞭其原理。直到十九世紀末奧地利的修士孟德爾 (Gregor Johann Mendel, 1822－1884) 發表了他對豌豆所進行的遺傳研究，才獲得初步的答案，因此孟德爾被尊為「遺傳學之父」。

今日，遺傳學的應用極廣，在農業上可以改良家畜、農作物的品種，提高品質及產量。在醫學上可以根據遺傳知識來預防遺傳疾病。又如近年新興產業「生物科技」也是以遺傳學為基礎的。

孟德爾的遺傳定律

孟德爾利用修道院庭園中栽植的豌豆為實驗材料。豌豆具有七種對比的性狀，且極易區別 (表 5.1)。在進行實驗時，他便選

取這些對比性狀加以交配觀察。例如，以紫色花的豌豆和白色花豌豆交配，將得到的種子種下，再觀察下一代豌豆花色的狀況。孟德爾另有一成功之處，即他在實驗前均先確定所選用的豌豆是純品系。所謂純品系是指某一性狀經反覆交配數代均能保持不變者。例如他將一株紫花豌豆自花授粉繁殖了好幾代，始終維持紫花，不會摻雜其他花色，此即純品系。

在實驗中，最初用來互相交配者稱為親代 (簡稱 P)。其產生的後代為第一子代 (F_1)，若將第一子代再彼此交配，所得之後代即稱第二子代 (F_2)。

表 5.1　孟德爾的實驗結果，在第二子代中顯性性狀與隱性性狀的比例約為 3

性　　狀	顯性 (F_2 數量)	隱性 (F_2 數量)	比　　例
1. 種子外表	圓形 (5474)	皺皮 (1850)	2.96：1
2. 種子顏色	黃色 (6022)	綠色 (2001)	3.01：1
3. 花色	紫色 (705)	白色 (224)	3.15：1
4. 果莢形狀	飽滿 (882)	乾扁 (299)	2.95：1
5. 果莢顏色	綠色 (428)	黃色 (152)	2.82：1
6. 花的位置	腋生 (651)	頂生 (207)	3.14：1
7. 莖的高度	高莖 (787)	矮莖 (277)	2.84：1

孟德爾以純品系紫花豌豆與純品系白花豌豆為親代進行雜交，所得的 F_1 全為紫花豌豆。再以 F_1 進行互相交配後所得的 F_2 約有 3/4 為紫花，1/4 為白花。在此例中，紫花的表現具有顯著的支配性質，稱為顯性 (dorminant) 性狀；而白花在 F_1 未呈現，在 F_2 又再度出現但僅佔 1/4，稱為隱性 (recessive) 性狀。

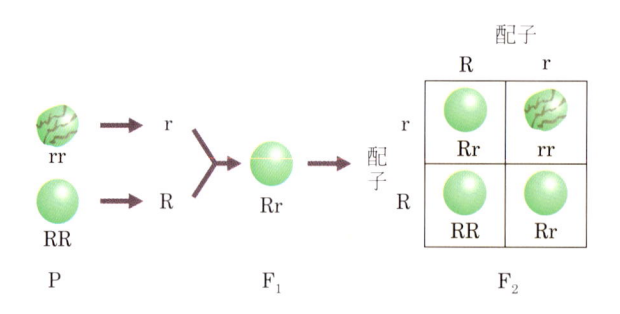

圖 5-9　豌豆的雜交實驗，其第一子代全為圓形種子，第二子代中圓形與皺皮的比率為 3：1，可由棋盤方格法算出

孟德爾將其餘六種性狀一一進行雜交實驗，亦將親代的性別互換進行實驗，其結果均大致相同。於是，孟氏認為豌豆的每一種遺傳性狀，不論是花色或莖的高矮都是由一對遺傳因子所決定的，這因子後來被稱為基因 (gene)。基因以英文字母來代表，大寫代表顯性，小寫代表隱性。例如控制豌豆種子外表的一對基因中，以 R 代表顯性 (圓形)，r 代表隱性 (皺皮)，因此，體內控制此性狀的基因組合有三種：RR，Rr，rr，稱為基因型 (genotype)。而組成基因型的兩個基因若相同 (RR 及 rr) 稱為同型合子 (homozygous)，若不同 (Rr) 則稱為異型合子 (heterozygous)。

基因型所呈現在外表可見的性狀稱為表現型 (phenotype)。基因型為 RR (兩個顯性) 或 Rr (一個顯性，一個隱性) 時表現出來的均為顯性性狀，即圓形。只有當基因型為 rr (兩個隱性) 時才會表現出隱性性狀，即皺皮。

分離律

孟德爾根據實驗結果推論，在體內控制一個性狀的成對基因，在形成配子 (gamete，以 G 代表) 時，這兩個基因會分離至配子中，此稱分離律，又稱孟德爾第一遺傳定律。當雌雄配子結合時，配子內的基因在後代體內又組合在一起。例如親代父方為純品系圓形種子 (RR)，所產生的配子帶有 R 基因。而母方為純品系皺皮種子，其配子均帶有 r 基因。受精時，配子互相結合，基因再度配對，結果第一子代的基因型皆為 Rr，表現型皆為圓形種子。反之，你可試試以皺皮為父方，圓形為母方，其結果將相同。

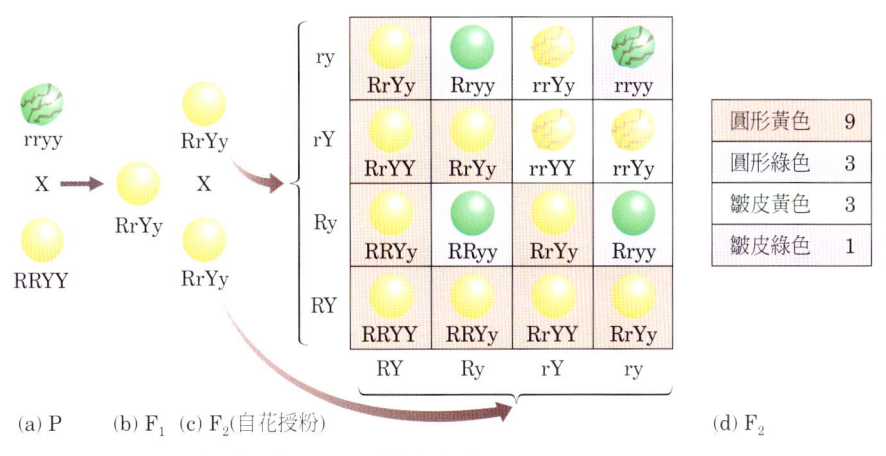

(a) P　　(b) F_1　(c) F_2(自花授粉)　　　　　　　　　(d) F_2

圖 5-10　同時觀察二個性狀的雜交實驗

接著,孟德爾再將第一子代互相交配,結果,在第二子代又出現了皺皮種子,且圓形比皺皮的比率為 3:1。

此結果顯示,在第一子代消失的隱性性狀 (皺皮),在第二子代中再度出現,這是因為第一子代的基因型均為 Rr,因此表現型均為顯性性狀;但第一子代所產生的配子有 R、r 二種,結合後在第二子代便有三種基因型:RR,Rr,rr,且其比例為 1:2:1。在表現型方面則為 3:1,由圖 5-9 的棋盤方格中均可看出。

孟德爾接著選擇兩種性狀進行交配實驗,他將黃色圓形的豌豆 (YYRR) 和綠色皺皮 (yyrr) 者交配,如同預期的,第一子代均為黃色圓形的豌豆 (YyRr)。若將第一子代互相交配,第二子代會出現四種性狀:黃色圓形、綠色圓形、黃色皺皮及綠色皺皮,且其比例為 9:3:3:1 (圖 5-10)。對此結果,孟氏認為當控制一個性狀的一對基因在分離時,並不會影響到另外一對基因,亦即各個性狀是彼此互不相干的,此即獨立分配律,亦稱自由配合律或孟德爾第二遺傳定律。

複對偶基因

豌豆的花色等性狀是由兩個基因控制的,可是並非所有遺傳都這麼單純。有時,基因會有三個,甚至更多,這稱做複對偶基因。人類的 ABO 血型便是最好的例子。

控制血型的基因有三個基因:I^A,I^B 及 i。每個人由父母處得到二個基因,其各種組合如下:

基因型	表現型 (血型)
$I^A I^A$	A 型
$I^A I^B$	AB 型
$I^A i$	A 型
$I^B I^B$	B 型
$I^B i$	B 型
ii	O 型

舉例而言,有一對夫婦,若夫之血型為 A 型且基因型為 $I^A I^A$,妻為 B 型且基因型為 $I^B i$。他們所生的子女,血型為 A 型或 AB 型,如下:

性別與性聯遺傳

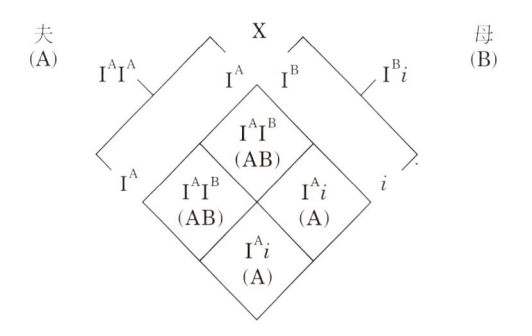

在人類的 46 條染色體中,有 22 對的染色體男女皆一樣,另外一對則為男女有別的**性染色體** (sex chromosome)。在女性,性染色體為兩條相同的 X 染色體 (XX),男性則為一條 X 染色體及一條短小的 Y 染色體 (XY)。在減數分裂時,各對染色體 (含性染色體) 均會分離存於精子於卵中,待受精時再組合成對,因此後代的性別端視父親的精子所帶來的染色體是 X 或 Y 而定,亦即生男生女係取決於父方的精子的。

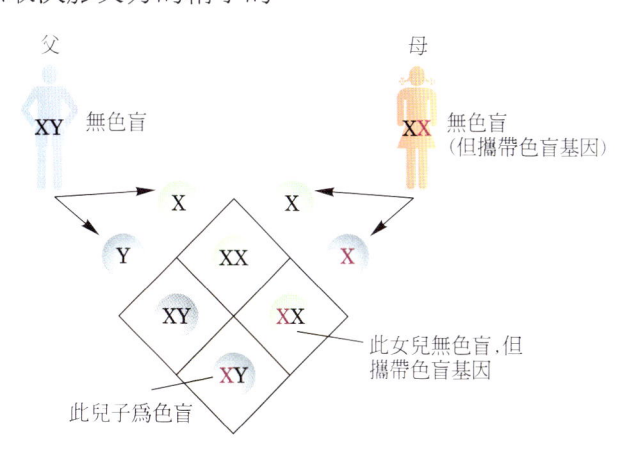

圖 5-11 人類的色盲遺傳,注意紅色的 X 染色體攜帶色盲基因

不過,性染色體除了攜帶決定性別的基因,還會帶有一些其他的基因,這些基因的遺傳便和性別有關,稱為**性聯遺傳**。人類的紅綠色盲便是性聯遺傳,色盲基因為位於 X 染色體上的隱性基因,男性只有一個 X 染色體,因此一旦遺傳到色盲基因便會罹患

色盲，且此基因必來自母親。女性則因有二個 X 染色體，因此必須同時自父親及母親皆獲得色盲基因時才會罹患色盲。若某女性兩個 X 染色體中僅有一個帶有色盲基因，則此女性之視覺正常，但為色盲基因的攜帶者，會將缺陷的基因傳給下一代。

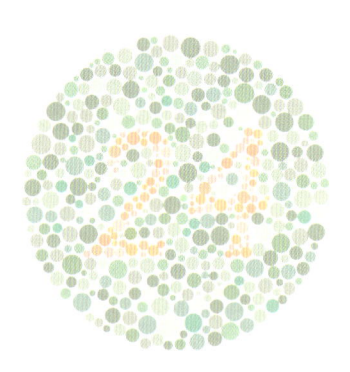

圖 5-12　色盲檢查圖

除了色盲以外，還有一些疾病亦屬於 X-連鎖隱性遺傳，像血友病 (出血不能凝固)、萊恩-萊恩症 (強迫性自殘與心智遲滯)、魚鱗癬 (魚鱗狀皮膚病)、裘馨氏肌肉失養症 (肌肉萎縮) 等。

突　變

在生物體中，負責控制遺傳的基因位於染色體上，可以透過細胞分裂而代代相傳下去。然而，遺傳物質也並非一成不變，有時，DNA 在複製時會發生缺失、重複或是錯誤的鍵結；有時則是染色體的結構、數目出現異常，這種遺傳物質的改變就是突變 (mutations)。

突變大多是有害，甚至致死的，例如，人類的鐮刀型貧血症就是因為製造血紅素的基因發生突變而產生不正常的血紅素，進而使紅血球呈現鐮刀型，易於破裂而貧血。至於造成突變的原因，除了自然發生外，現已證實像 X 光、紫外線及許多化學物質都可能引起突變，所以我們在日常生活中應避免接觸這些物質。

雖然突變大多有害，但偶爾也會出現有利的突變，像大麥的一種突變就能增強其對黑穗病的抵抗力。此外，生物的生存環境時刻在改變，當環境發生劇變時，現在有利的性狀可能就無法適應，而突變的個體卻可能適應新環境並生存、繁殖，為種族的綿延留下生機。

5.3 生物的演化

　　我們在地球上可以看到形形色色的生物，不過這些生物並非自遠古時期就已存在的。地球的歷史已有 46 億年，最原始的生命出現於距今約三十多億年前。後來經過億萬年的演變，才形成今日地球上種類繁多的生物，這個演變的過程便是演化 (evalution)。雖然在十九世紀初期便有一些學者提出對演化的主張，但其中資料搜集最齊全，理論最周密者則屬達爾文 (Charles Darwin, 1809－1882) 的演化論。

達爾文的演化論

　　達爾文出身英國一個富裕的醫生家庭，在當時的歐洲，宗教和神學具有權威的力量，基督教會認為關於地球歷史和生命起源的問題都可以在基督教的經典中找到答案。例如，舊約中記載著「創世紀」和「物種不變說」，創世紀認為上帝創造出地球上所有生命型式；物種不變說則指出所有生物自創造以來就不曾改變過，因為上帝的作品必是完美的，既然完美何須改變？

　　不過，在十八世紀工業革命以後，隨著社會和科技的發展，萬物不變的看法在各領域都面臨挑戰，達爾文就身處那樣的時代中。1831 年，22 歲的達爾文以博物學家的身分登上英國皇家艦隊的「小獵犬」號軍艦，展開五年的環球之旅。旅程中，他每到一處便觀察、記錄，看到許多以前從未見過的動植物，並且注意生物與環境間的關係。在南美洲西岸的加拉巴哥群島 (Galapagos Islands)，達爾文發現各小島上的雀鳥雖然彼此相似，但在形態及行為方面卻分別適應各自的生活方式。最明顯的差異是食性不同的雀鳥，其喙的大小、粗細都不一樣以便於啄食種子或昆蟲。經過縝密的觀察後，達爾文遂思索道：這些雀鳥是否皆源自從南美洲飛來的同一種鳥，而後為了適應不同的食物才演變成如今的差異？

　　回到英國後，達爾文讀到馬爾薩斯的人口論，領悟到大多數生物常產生大量的後代，但這些後代不可能全部存活，這令達爾文想到，生物的過多個體會為生存而競爭，且只有最適應環境的才能存活並產生後代，此即天擇 (natural selection) 觀念的雛形。

在往後的二十年間,達爾文不斷的蒐集證據,在 1859 年出版物種原始 (The Origin of Sepcies),提出演化論,其重點如下:

變異:同一物種的不同個體間有性狀的差異存在,稱為變異,有些變異是能遺傳的。
過度繁殖:生物所產生的後代遠超過食物的供應或空間的容納量。
生存競爭:過多的生物須為食物、水分、光線及空間等條件而展開生存競爭。
適者生存:具有有利性狀的個體能生存下來並繁殖,將有利的性狀傳給後代。反之,具不利的性狀者將漸趨衰亡,此即天擇的結果。

　　由於環境時常改變 (例如,地球經歷數次冰河期),生物的後代不斷經過天擇乃發展出與祖先不同的性狀,甚而形似不同的種類。經過悠久歲月的演化,某一種生物便能演變成兩種或兩種以上的生物。

演化的證據

　　演化不僅是理論,更可由許多方面找到實際的證據,以下舉數例為說明。

生物地理學:生物地理學由研究各地生物的分布而推論其演化歷

圖 5-13　島嶼和大陸隔離因此演化出新種,本圖的曙鳳蝶便是臺灣特有種

圖 5-14　化石是演化的直接證據 (野柳海濱的海膽化石)

程。在世界各地有不同的生物，但即使在氣候與地形類似的地方，生物種類往往也不一樣。例如，在婆羅洲熱帶雨林中有紅毛猩猩、虎、亞洲象等，但在緯度相近的巴西熱帶雨林中卻有吼猴、美洲虎、獏等完全不同的動物。

地理的隔離是演化的主因之一。同一種生物若受到大海、高山、沙漠的隔離，經過相當時日便演化為新的種類。島嶼和大陸上生物的關係就是一個例子，島嶼上的動植物常與鄰近大陸相似，但島嶼上的生物卻因與大陸隔離而逐漸演化為新種。例如臺灣的四百多種蝴蝶中，就有約五十種為全世界僅產於本地的臺灣特有種。

化石：化石指保存於地層中的古生物遺跡，包括骨骼、硬殼、牙齒、足印或其他痕跡；在琥珀 (amber) 中甚至能將整個生物體栩栩如生的保存下來。我們可以觀察化石在地層中的位置，再計算出該岩層的形成時間，便可以推算出該化石生物的生存年代。目前經確認最古老的生物化石形成於 35 億年前，類似於今日之藍綠菌。

化石具體記錄了生命在地球上的歷史，為演化提供了直接的證據。例如，誰也沒有看見過活生生的恐龍，但經由出土的大量恐龍化石可以確定這些動物曾經生活在地球上。

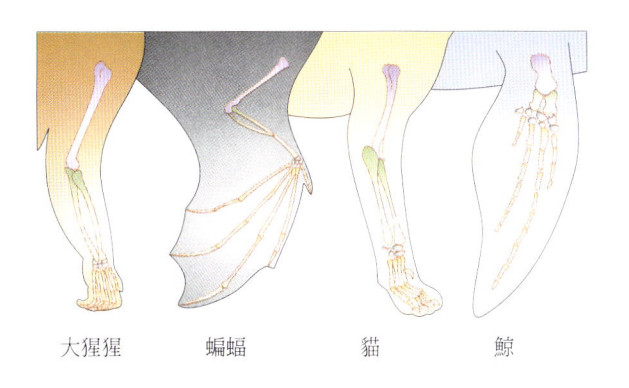

大猩猩　　蝙蝠　　貓　　鯨

圖 5-15　同源器官：這些動物的前肢骨骼顯示牠們有共同祖先

解剖：在演化過程中，由同一祖先所演化出的生物，雖然形態相異，但仍保有若干相似性。例如人的上肢、鳥的翅、蝙蝠的翅及蛙的前肢雖然形態、功能都不同，但其內部骨骼的組成及排列方式均相似，且其胚胎發生亦相似。這些構造相同、胚胎發生亦相似的器官稱為同源器官 (homologous organ)，是演化的有力證

據，因為這些生物若非源於共同祖先，其器官沒有如此相似的理由。

有些動物具有某些退化或無用的器官，稱為痕跡器官 (vestigial organ)，如人的智齒、闌尾；鯨及蟒蛇的後肢骨等。痕跡器官的存在代表生物遺傳自其祖先的解剖特徵，可說是演化的歷史遺跡。

胚胎：達爾文認為胚胎發生也是演化的證據，當時已經知道，某些高等動物的胚胎時期與較其低等的動物某一胚胎時期極為相似。例如人的早期胚胎與魚、蛙、蛇、鳥的早期胚胎難以區別，因為脊椎動物均是由一共同祖先經一連串演化而來的。

生物化學：生物間的演化關係也可以根據分子間的異同來推論。生物化學的研究顯示，所有生物 (由細菌到人類) 都是以胺基酸來合成蛋白質；也都是以 DNA 來貯存遺傳訊息。進一步探討可以發現，在關係較密切的生物之間，分子的相似程度較高。例如構成血紅素的 300 個胺基酸中，人和黑猩猩完全相同，和大猩猩有二個胺基酸不同，由此可知人與黑猩猩的血緣關係較近。

檢視 DNA 也有相似的結果：人與黑猩猩的 DNA 僅有不到 2% 不同，與長臂猿有 5% 不同，而與狐猴則有 42% 不同，人與這三種靈長目動物的親疏遠近應一目瞭然了。

5.4　生物與環境

生態學 (ecology) 為探討生物與環境關係的科學。生物生活在地球上的各種環境中，它們由環境取得生活所需，同時也受環境所影響。環境包含二大因素：理化因素與生物因素，以下分述之。

理化因素

理化因素是指環境因素中非生物的部分，如陽光、水、風、土壤……等，每一種因素都會影響生物的生存和分布。例如，溫度是限制生物分布的重要因素，在沙漠和極地由於酷熱和酷寒而生物稀少，即使居住在那兒的生物也要採取因應措施來對抗不適的氣溫，像沙漠裏的動物在白天常躲在地洞中，到了夜晚涼爽時才出來活動。

水分是維持生命必須的物質，尤其是限制陸地生物分佈的重要因素，地表上形成森林、草原或沙漠的主要原因便是降水量的差異。在非洲的大草原上，每年都有長時間的旱季，這時動物就必須大舉遷徙以尋找水源和食物；至於那些需要藉著水來完成生殖過程的生物，如苔蘚和青蛙，水更是影響其分佈的決定性因素。

生物對環境的適應力各不相同，適應力愈強的生物生存能力便愈強、分佈廣泛，像家中常見的蟑螂便具有很強的適應力，所以令全世界各地的人們都頭痛不已。

生物因素

生物彼此間也會因取食等關係而互相影響，生物學家根據生物在環境中扮演的角色而區分為生產者 (producer)、消費者 (consumer) 及分解者 (decomposer) 三大類。以營養方式而言，生產者可自行將無機物合成有機物，屬於自營生物 (autotroph)；消費者和分解者則以現成的有機物為食，為異營生物 (heterotroph)。

生產者可說是地球上生命的基礎，又分為光合作用者和化學合成者二大類，尤以前者為重要。光合作用在陸域生態系中大多是由綠色植物進行，而在水域生態系中主要是由藻類來完成。化學合成者為細菌，它們不依賴陽光而藉由氧化硫化氫或氨等無機物獲得能量，如硝化細菌能將氨氧化成亞硝酸鹽。

消費者以動物為主，直接以生產者為食的稱為初級消費者，例如吃草的蝗蟲。以初級消費者為食的則是次級消費者，如蛙捕食蝗蟲。蛇又會捕食蛙，則為三級消費者，依此類推。

在自然界中，將這種「吃」與「被吃」的關係連接起來，就成為食物鏈，如前述的：

草 ➞ 蝗蟲 ➞ 蛙 ➞ 蛇

不過，事實上的情況卻不是這麼單純，例如，草可被許多動物吃；蝗蟲除了被蛙，也會被鳥等其他動物所捕食。因此，在自然界中呈現出的通常是由不同食物鏈連結而成的食物網，如下所示。

分解者有細菌和真菌，它們生活在動植物的屍體，分泌酵素

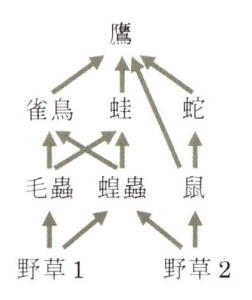

```
        鷹
    ↗  ↑  ↖
雀鳥   蛙   蛇
 ↑ ╳ ↑   ↑
毛蟲 蝗蟲  鼠
 ↑   ↑   ↑
野草1    野草2
```

將屍體分解，然後再吸收養分。在這個過程中，各種元素也被釋回自然界中供其他生物利用。

共生與寄生

生物與生物之間除了取食的關係或是為了食物、空間而競爭外，也會有其他的關係，例如共生與寄生。共生是不同生物間形成的夥伴關係，較常見的是「互利共生」，在這種關係中，共生的雙方都可以得到好處，例如造礁珊瑚與雙鞭毛藻。珊瑚礁上有無數珊瑚蟲，每隻珊瑚蟲體內均有雙鞭毛藻與其共生。共生藻會行光合作用製造養分和氧氣供珊瑚蟲使用，而珊瑚蟲呼吸作用產生的二氧化碳則供應共生藻使用。這些共生藻常含有豐富的色素而使得珊瑚礁呈現美麗繽紛的色彩。不過，當環境不適時（如水溫過高），共生藻會離開或死亡而造成珊瑚礁失去色彩，形成「白化」的現象。

片利共生則是共生中的一方得到好處，另一方沒有好處也沒有壞處。例如，牛背鷺常停憩在水牛身上或附近的草地，當牛在行走時驚起地面上的昆蟲，牛背鷺即啄而食之。

圖 5-16　樹幹上的地衣，由藻類和真菌的互利共生而形成

寄生是指一種生物生活在另一種生物的體內或體表。例如，蛔蟲、蟯蟲寄生在人體腸道中，虱子、蜱在狗的體表吸血等。在寄生的情況中，好處均由寄生者獨享，而寄主則受到某種程度傷害，但不一定會死亡。

　　總而言之，一種生物能否在某處生存，是受環境中的各項理化因素和生物因素交互作用的影響，萬物相生相剋，卻也互依共存，從而構成一個穩定而平衡的生態系。

生態系

　　生態系 (ecosystem) 是生物與環境的綜合體，在每一個生態系中都有各自的一群生物與特定的環境條件。生態系可大可小，由一滴富含微生物的池水，一座湖泊到一片森林都可視為一個生態系。

　　在地球的各個角落，隨著雨量、溫度、地質等因素的差異而呈現不同的植被，並且有不同的動物棲息其間，賦予大地多樣化的風貌。以下扼要介紹地球上主要的陸域生態系。

凍原：分佈在北極海周圍的陸地，如西伯利亞、格陵蘭、冰島、加拿大北部及阿拉斯加等。這些地方終年氣候嚴寒，僅在夏季的二、三個月間氣溫才在冰點以上，此時地表土會解凍供植物生長，但地底仍是冰凍的，大樹自然難以立足紮根，因此在凍原中只有地衣、苔蘚、草類及矮小的灌木。

　　凍原中植物少，動物也不多，常出現的大型動物有北極熊、麝牛、馴鹿；中小型的北極狐、旅鼠等，這些動物都裹著一身厚實的毛皮及皮下脂肪來保暖。

圖 5-17　阿拉斯加的凍原

圖 5-18　北美洲的針葉林

森林：在凍原以南至赤道之間，依緯度、高度的差異及溫度、雨量的不同而形成各種型態的森林。

　　針葉林分佈在歐亞大陸和北美的高緯度地帶，此處冬季漫長而寒冷多雪，夏季短暫，只有耐寒的松、杉、針樅等針葉樹能夠生長成林，在森林底層少有其他樹木或灌木。此區的動物也不多，有灰熊、麋鹿、狼、貂等，且在冬天大多會冬眠或遷徙。

　　往南走，在北美、西歐、東亞的溫帶地區則生長著各種落葉闊葉樹，如槭樹、樺樹、櫟樹、橡樹、山毛櫸等，構成落葉林。這些森林有的混生著針葉樹，有些則純由闊葉樹組成，有喬木、灌木及多采多姿的草本植物，提供豐富的食物來源，因此這裏的動物不論是哺乳類、鳥類、無脊椎動物或水裏的魚類都比針葉林來得多。

　　到了赤道附近，年降雨量有二千公厘以上且分佈均勻，年均溫亦達到 25°C 以上，可說是終年溫暖潮濕，於是形成了熱帶雨林，包括東南亞、非洲中西部、南美洲亞馬遜河流域及澳洲北部等地。

圖 5-19　婆羅洲的熱帶雨林　　　　　圖 5-20　熱帶雨林中的大樹

　　熱帶雨林中多為常綠的闊葉樹，有些四、五十公尺高的大喬木巍峨的突出樹冠層，底下還有不同高度的喬木及灌木，更有許多爬藤、鳳梨科、蘭科及蕨類等附生植物。由於植物提供了豐富的食物，眾多動物也生活於此，據估計，熱帶雨林的面積僅佔地表的 7%，但卻孕育全球一半以上的動植物。

草原：年雨量只有 250至1000 公厘且分佈不均，樹木不易生長，但又不像沙漠那麼乾旱，於是形成草原。天然的草原曾經覆蓋世界陸地四分之一的面積，但現已廣泛做為農牧用途，像北美洲原本徜徉著成群野牛的大草原，現在大部分地方都被開墾來種植玉米、飼養牛羊了。

草原生態系看似單純，卻供養著大量動物。例如，在非洲肯亞一望無際的稀樹草原上，成群的斑馬、牛羚、水牛低頭吃草，獅子、獵豹在一旁伺機捕獵，鱷魚則在河流中耐心等候著。在天空中，食腐肉的兀鷹則來回盤旋，隨時準備衝向地面爭食殘肉剩骨。

沙漠：年雨量不足 250 公厘，白天炎熱、夜間酷寒，目前全球地表有四分之一面積為沙漠所佔據，如非洲的撒哈拉沙漠、亞洲的戈壁、美洲的索諾蘭沙漠等。

沙漠中不但雨量少而且降雨極不規則，偶而傾盆大雨，頃刻即止；有時又一連數月或數年滴雨未降，因此土壤中含水量少，植物必須有特殊的適應方式才能在此生存。例如，仙人掌以肥厚的莖來貯水及行光合作用，葉退化成針狀以減少水分散失，根系則向四方擴展，以便在降雨時盡量吸收水分。

沙漠中較常見的動物有蜥蜴、蛇及蠍子、昆蟲等節肢動物，牠們都有防止水分散失的厚皮，排泄出低水溶性的尿酸，因此能適應沙漠環境。

最後，值得一提的是，目前世界各地的沙漠有逐年擴張的趨勢，主要原因就是人類在乾燥或半乾燥地區的脆弱生態系中進行

圖 5-21　亞洲的溫帶落葉林 (韓國)　　　圖 5-22　中國西北部的沙漠

過度的農耕、放牧，使得土地的生產力減退，最後變成沙漠狀態。沙漠化一旦形成，即使投入再多的人力、金錢都難使其恢復原貌，這是世人必須警惕與關注的問題。

圖 5-23　臺灣擁有多樣化的生態環境
(a) 珊瑚礁海岸（貓鼻頭）
(b) 低海拔山區的闊葉林（大甲溪）
(c) 中海拔山區的闊葉林（鞍馬山）
(d) 高山的針葉林（合歡山）
(e) 河口的紅樹林（苗栗通霄）

習　題

1. 關於同化作用和異化作用，何者正確？(1) 同化作用又稱分解代謝　(2) 當同化作用大於異化作用時，生物體即會生長　(3)

異化作用又稱合成代謝 (4) 同化作用是將大分子變成小分子。

2. 細胞中那一種構造負責蛋白質的合成？(1) 粒線體 (2) 核糖體 (3) 葉綠體 (4) 中心粒。

3. 下列何者為動物細胞貯存醣類的形式？(1) 肝醣 (2) 澱粉 (3) 纖維素 (4) 蔗糖。

4. 細胞中含量最多的物質是 (1) 蛋白質 (2) 脂質 (3) 醣類 (4) 水。

5. 在有絲分裂的那一期，染色體會整齊的排列在紡錘體中央 (1) 前期 (2) 中期 (3) 後期 (4) 末期。

6. 人類色盲基因為隱性且位於 X 染色體上。某色盲男性 (X^aY) 和視力正常，但攜帶色盲基因的女性 (X^AX^a) 結婚，他們的兒子罹患色盲的機率為 (1) 100% (2) 50% (3) 25% (4) 0%。

7. 將紫花豌豆和白花豌豆交配。其子代均為紫花豌豆，則親代之**基因型為** (1) PP×pp (2) Pp×Pp (3) pp×pp (4) 以上皆有可能。

8. 人類生男生女的機率均為 1/2，若一對夫妻已有一個兒子，則其下一胎仍為男孩的機率為 (1) 1/2 (2) 1/3 (3) 1/4 (4) 1/8。

9. 「同一物種間的不同個體間有性狀的差異存在」，這是屬於達爾文演化論中的那個部分？(1) 變異 (2) 過度繁殖 (3) 生存競爭 (4) 適者生存。

10. 下列何者與其他三者不屬於同源器官？(1) 鳥的翅 (2) 人的上肢 (3) 蛙的前肢 (4) 蝴蝶的翅。

11. 下列何者為人體中的「痕跡器官」？(1) 大腸 (2) 闌尾 (3) 肺 (4) 膽囊。

12. 下列何者不是行光合作用的生物 (1) 植物 (2) 矽藻 (3) 藍綠菌 (4) 真菌。

13. 下列何者為「片利共生」(1) 牛與牛背鷺 (2) 造礁珊瑚與共生藻 (3) 狗及身上的虱子 (4) 白蟻和其腸內的鞭毛蟲。

14. 熱帶雨林的特色為 (1) 物種稀少 (2) 由常綠的針葉樹組成 (3) 終年溫暖潮濕 (4) 分佈在高緯度地區。

15. 蛋白質在生物體中有那些重要功能？舉數例說明。

16. 有絲分裂 (mitosis) 和減數分裂 (meiosis) 有那些差別？

17. 二個血型均為 AB 型的男女結婚，其後代可能有那些血型？

18. 核三廠排水口附近的珊瑚曾因「白化」現象而備受關注,請說明白化現象的原因及結果。
19. 生物如何適應沙漠生活?以仙人掌為例說明。
20. 舉例說明何謂「互利共生」。

第六章
科技與生活

6-1 聲與現代生活

在第三章功與能量的概念中,我們曾經敘述聲能的觀念,並說明聲音為縱波。可在固體、液體及氣體中傳播。其傳播速率在各種的物質中並不同。通常在固體中最快,液體中次之,在氣體中最慢。而且和物體的彈性係數、密度、絕對溫度有關。表 6-1 列出某些物質,在特定溫度之傳播速率。

圖 6-1 教堂中通常有管風琴樂器堂內建築設計通常會考慮造成良好的音樂效果

聲波既然是波動之一種形式,其波速 V、頻率 f 及波長 λ 之間,當然也符合波速＝頻率×波長 ($V=f\times\lambda$) 之理論。而且具

表 6-1　聲波之傳播速率 (公尺/秒)

固體 (20 ℃)		液體 (25 ℃)		氣體 (0 ℃ 1 atm)	
花岡石	6000	淡水	1493.2	空氣	331.45
鐵	5130	海水 (3.6%) (鹽分)	1532.8	氫氣	1269.5
銅	3750	煤油	1315	氧氣	317.2
鋁	5100	水銀	1450	氮氣	339.3
鉛	1230	酒精	1210		

有反射、折射、干涉、繞射等現象。我們為了探測海底的深度，或者尋找潛在海面下的潛艇，魚群等，可以用聲納 (sonar) 探測裝置。由聲納送出聲波，進入水面下，當聲波遇到物體會反射回來，並由聲波來回所需時間，換算發射者與反射物體間的距離。通常聲納由聲能轉換器將電波變為聲波，所發射聲波頻率為 5000～25000 Hz。聲音也會在山谷中反射，響雷的隆隆不絕之聲，則是聲波在地面和雲層間來回連續反射的結果。舞台後方也常設置表面能產生高反射的材料，將聲波反射至觀眾席。

圖 6-2　大樓弧狀曲面設計，避免聲音來回反射，造成空間吵雜

　　聲波也有折射的現象。若介質密度不均勻，聲波在介質中的速率也不一樣，傳播方向將因此發生改變。如在大氣中，空氣各處溫度不同。夏季炎熱的白天，地面附近空氣溫度較高，聲波在近地面處速率較快，故聲波向上偏折傳播。在夜晚地面散熱快，近地面附近較冷，聲波反而是在上方的空氣中傳播速率較快，故

向下彎曲，傳播較遠。「夜半鐘聲到客船」比白天傳播時容易得多了！聲音在順風、逆風的狀況下，也有類似偏折的現象。至於我們躲在厚牆後面，仍可以聽到牆前的聲音，則是聲音繞射的結果。

聲音的大小稱為響度和強度有密切的關係，強度等級以分貝(dB)為單位。表 6-2 中列出幾種聲音的分貝數，超過 70 分貝的強度，會傷害人的聽覺。患有梅尼爾氏症的人，更不宜長期暴露在噪音下，以免加深病症，失去平衡感，而頭暈目眩。

表 6-2　各種聲音之強度等級和強度

聲音之種類	強度等級（分貝）	強度（瓦特/公分^2）
開始令人痛苦的聲音	120	1×10^{-4}
釘鉚釘的聲音	95	3×10^{-7}
高架鐵路火車的聲音	90	1×10^{-8}
繁忙街道交通的聲音	70	1×10^{-9}
日常談話的聲音	65	3×10^{-10}
家裡收音機關掉後的聲音	40	1×10^{-12}
耳語的聲音	20	1×10^{-14}
樹葉沙沙的聲音	10	1×10^{-15}
聽覺下限的雜音	0	1×10^{-16}

聲音的高低稱為音調。聲波震動頻率越高，其音調也越高。可聞聲分為樂音和噪音，樂音是由規則性的週期波形成（噪音不規則），可由管絃、打擊樂器等產生。純高音調的樂音（單一頻率），給人尖銳感。純低音調的樂音給人低沉的感覺。日常生活中的音樂或樂團演奏，皆由各種不同的頻率及音色組成。音響設備也通常可調整音調高低，以適合樂曲或個人喜好。

當聲波通過某些介質時，由於振動緣故，部分聲能可轉換成熱能，而被物質吸收。如毛絨、木材等多孔物質，可吸收大量聲能。設計精良的音樂廳，常掛有絨布及吸音地毯，天花板也有吸音板裝置。如此設置可減少聲波碰及硬牆和地板，引起強烈反射，造成回音和原音干涉，產生雜音之不良效果。

都卜勒效應 (Doppler effect)

　　人的耳朵聽到聲波的頻率，會隨著彼此間相對運動的速度而不同。若人和聲源相互接近，則聲音頻率升高；反之二者彼此分開，則聽見聲音頻率降低。例如我們在火車站月台，火車進站時，聽到汽笛聲音頻率，較火車離站時為高。我們以某速度前進，主動靠近靜止的聲源，聽到聲音頻率也會升高，遠離時則聽到聲音頻率降低。這種現象稱為都卜勒效應。

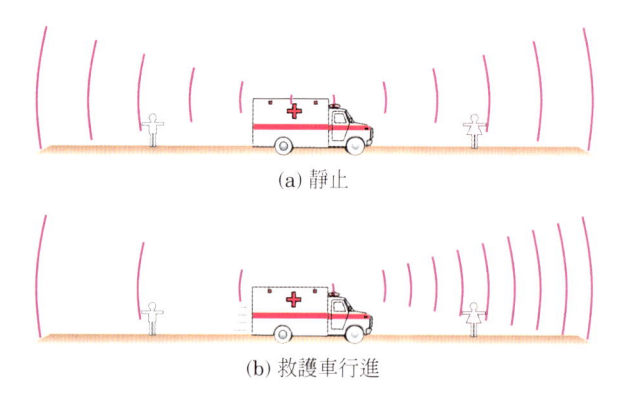

(a) 靜止

(b) 救護車行進

圖 6-3　都卜勒效應 (兩位觀測者會聽到不同頻率的救護車警報聲音頻率)

超音波 (Ultrasound)

　　超音波之聲波頻率比 20000 Hz 高，通常由換能器組成的探頭發出音波，集中為一束，放入物體中，可被強烈反射。不同物質或密度不均勻的物質，因超音波衰減係數不同，故反射強度不同而成像。其主要用途，可用來檢測金屬等材料的缺陷、消毒器具、清洗物件，或對腹部疾病、泌尿道系統、心臟血管系統及婦產科等症狀發現篩檢以及治療關節炎等。

　　婦女懷孕的時候，也常利用超音波影像，觀察胎兒的生長狀況，甚至分辨性別。

　　其實也有超音波儀器利用上述都卜勒效應，來得到影像，我們稱都卜勒超音波。利用探頭和血液流動不同的夾角，求得血液的流速。人體各部位的血液，都有正常的流速，不同的血流速率，可以診斷出心臟、血管等疾病。

(a)   (b)

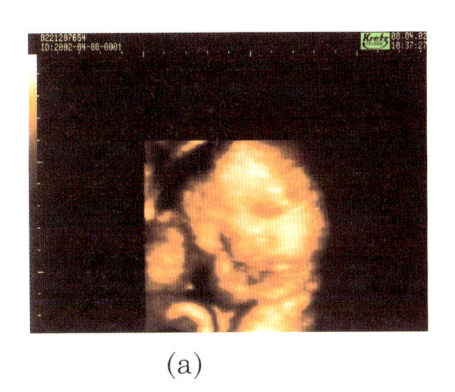

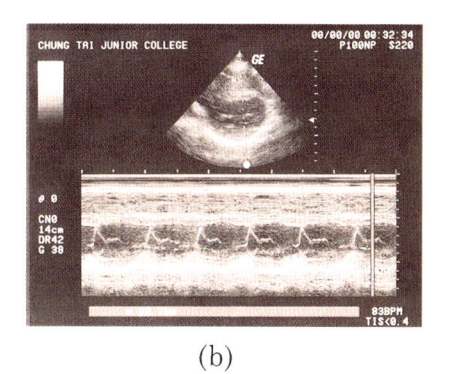

圖 6-4　利用超音波影像觀察 (a) 胎兒的生長 (b) 心臟功能

6.2　光與現代生活

在第三章光能的敘述中，我們已經提過光是一種電磁波。狹義的光，則是指可見光而言，其頻率約為 4.3×10^{14} Hz 至 7×10^{14} Hz。包括紅、橙、黃、綠、藍、靛、紫等色光。本身會發光的物體，如太陽、電燈、螢火蟲等，稱發光體；反之，則稱為不發光體，如月球、書本、茶杯等。光在空氣中的速度約為 3×10^8 米/秒。而太陽光從太陽射至地球的時間，約 8.3 分鐘。光源的發光強度，以燭光為單位，被照射物體的亮度，則以照度為單位。照度和距離平方成反比，通常可用照度計測量之。

圖 6-5　照度計

在同一種介質中，光以直線進行。當光線遇上不透明的物體，會形成陰影。在物體背後，光線完全不能直線照射到的地方，稱為本影區；部分光線不能照射到的地方，則是半影區。日蝕、月蝕之現象，即是地球、月球分別在彼此的影子之中。另外

影子的清晰程度，和光源與物體、物體與屏幕之間的距離長短有關。通常，被照射的物體較靠近牆壁時，影子較為清晰。

光的反射與折射

當光線射向物體表面，部分光線被反射，其它光線可能被物體吸收，或者穿透物體。良好的反射鏡面，反射光線之比例，可達到 95% 以上。光線在反射時，符合反射定律，即：光線之入射角等於反射角，且入射光線和反射光線在同一平面上。

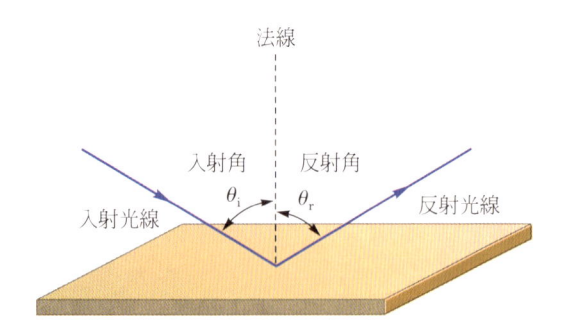

圖 6-6　反射定律

若是光線照射在粗糙的物體表面，則發生漫射現象。也因為漫射現象，我們才可以在各種不同角度，看到物體之形狀。

圖 6-7　微波站利用凹面網狀天線接收訊號

在日常生活中，我們常利用平面鏡成像，來觀察自身的儀容、穿著。但所看到的像，是左右相反的像。也可依據反射原理

所述：光線之入射角等於反射角，利用平面鏡來改變光束的方向。另外有凹面鏡及凸面鏡也是利用反射原理成像。凹面鏡有將反射光聚光的現象，能用在天文望遠鏡、探照燈、手電筒、微波接受天線等方面。凸面鏡具有散光的現象，可將其縮小的成像，用於汽車後視鏡、叉路口或轉彎路邊之反光鏡，以便增加視野。

當光在行進時，若遇到透明物體（如玻璃、水等），部分光線依前述反射定律，反射回原介質；其它光線會進入透明物體，但行進方向在兩介質的介面發生改變，我們稱為折射。入射角與折射角的關係，經實驗測量，符合斯涅爾定律 (Snell's Law)。即

$$n_1 \sin \theta_1 = n_2 \sin \theta_2$$

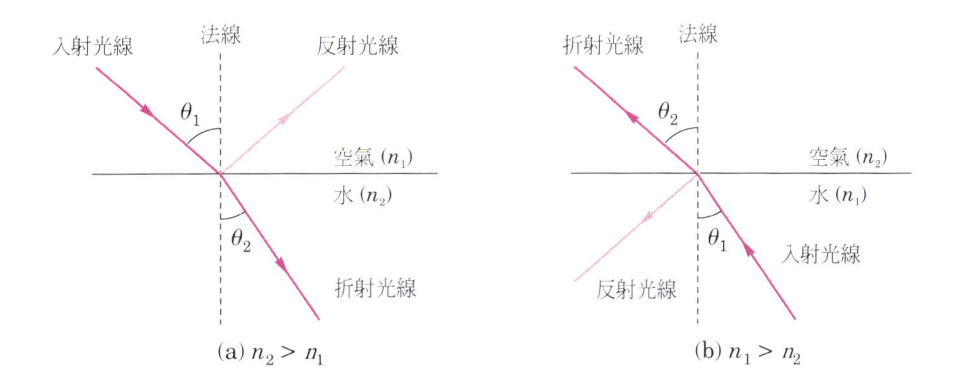

(a) $n_2 > n_1$

(b) $n_1 > n_2$

圖 6-8 光的折射

表 6-3 波長 589×10^{-9} m 黃光的折射率

氣體 (0 ℃，1 大氣壓)		固體 (20 ℃)	
乾燥空氣	1.00029	鑽石	2.419
二氧化碳	1.00045	氟石	1.434
液體 (20 ℃)		玻璃	
苯	1.501	普通玻璃	1.523
二硫化碳	1.628	光學玻璃	1.574
四氯化碳	1.461	石英	1.458
酒精	1.362		
水	1.333		

式中 n_1、n_2 為兩介質之折射率，θ_1、θ_2 之大小關係，隨 n_1、n_2 之相對大小而改變。故折射光線之折射角，有可能大於入射光線

之入射角（偏離法線），或小於入射光線之入射角（偏向法線）。表 6-3 列出某些氣體、液體和固體之折射率。

在岸邊的人看站立於水中的人深度變淺、鉛筆在水中有折斷的現象且變粗、清晨或黃昏時看太陽比實際的位置高且成橢圓形，皆是光線折射造成的結果。

圖 6-9　太陽因折射而成橢圓形上方較圓下方較扁，且體形較大

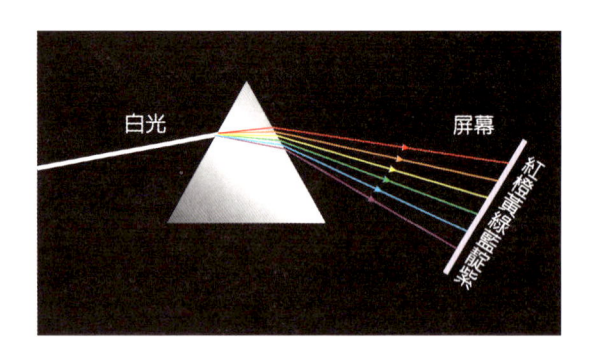

圖 6-10　光線之色散現象

由於各種色光有不同的波長，各色光對同一物體之折射率不同，折射角也不同，所以造成光線之色散現象。白光射入三稜鏡造成色散，陽光射入雨後天空中或噴水池、瀑布旁之水滴中，形成美麗的彩虹。是因為折射或折射和反射多次合成的現象。

圖 6-11　紐西蘭北島奧克蘭市皇后大道雨後美麗的彩虹紅色光 42°　紫色光 40°

全反射

　　當光線由折射率大的介質，射入折射率較小的介質，如圖 6-12，P、Q 光線部分反射，部分折射。而光線 R 之折射角為 90°，此時之入射角 θc 稱為臨界角。至於 S 光線之入射角大於 θc，所有入射光線全部由界面反射回到原來的介質中，此種現象稱為全反射。沉入水中的人因光線全反射，看岸上的物體，將侷限於 98° 左右的圈內。日常生活中，光纖即利用全反射之原理，將光線或訊號侷限在細管中傳遞，將訊號傳播到遠處。醫學上常用之內視鏡，即將光線在彎曲的管內傳送，以診察病人腹腔等身體內部之症狀。

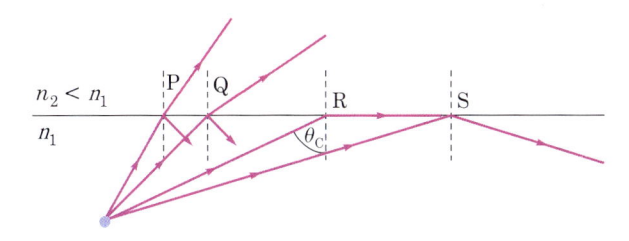

圖 6-12　入射角 θc 為全反射臨界角

眼睛與鏡片矯正

　　人類的眼睛構造類似相機。最前方有眼角膜，後方有前房液，其後為眼珠且有虹彩可控制瞳孔大小。眼睛後方為玻璃狀液，光線射入時，在眼角膜及眼珠處發生折射，因空氣之折射率為 1，前房液與玻璃狀液折射率約為 1.336，眼珠折射率約為 1.437。空氣進入眼角膜時，折射率相差最大。由斯涅爾定律知道光線偏折角度也較大。故大部份折射發生在眼角膜上，最後成像於視網膜並由視神經連繫至大腦。部份人的眼睛所成之像太近或太遠，無法正確落於視網膜上，便形成近視或遠視，可攜帶凹透鏡（近視者），或凸透鏡（遠視者），來矯正。鏡片的焦距 (米) 之倒數稱為屈光度，屈光度乘上 100，即為通常所稱的度數。近代醫學，更有用雷射光手術技術，調整眼睛之曲率，矯正眼睛之度數。

圖 6-13　人類的眼睛構造

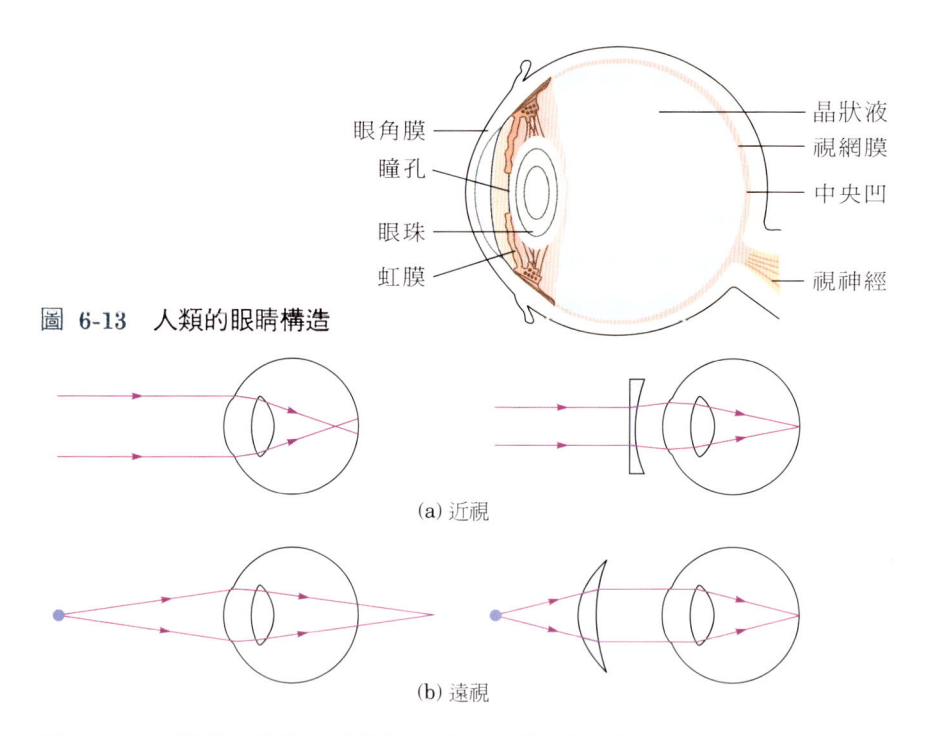

(a) 近視

(b) 遠視

圖 6-14　可攜帶凹透鏡 (近視者)，或凸透鏡 (遠視者)，來矯正

　　除了上述光學在生活之利用，尚有放大鏡、望遠鏡、顯微鏡等。或者用在照明方面，有鎢絲的電燈炮；玻璃管內充有一小滴水銀，並在管壁塗螢光物質之日光燈；或者含有氖氣 (紅光)、氬氣 (藍光)、鈉氣 (黃光) 之霓虹燈。最近更發展出具有單一波長之雷射光，能集中一束光線射至遠處。可用來材料切割、醫學手術、測量距離、藝術表演等方面。

6.3　熱與現代生活

　　我們知道物質因溫度之不同具有三相即固態、液態、氣態。其原子間之排列及作用力也不相同。固態物質原子或分子間之吸引力較強，具有固定之相對位置，但仍然會震動；而氣態的原子或分子間吸引力最弱，彼此間快速運動改變位置。故無固定形狀，可充滿任意空間，能量最高。在第三章中我們提過熱是能量的形式。對物質加熱，可提高原子或分子間之動能，產生較激烈的運動，如震動、轉動、移動等，而改變它的相。物體間熱的轉移則是由於分子間相互作用力達成。如將手伸入熱水中，由於運動較激烈的水分子，把動能傳給手之皮膚分子，使其運動加速，

而感覺熱的存在。

　　物體的冷熱和程度，我們以溫度 (Temperature) 來表示，但和我們直接以手去接觸的感覺不同。如以手同時去接觸同溫度的大理石或木頭，會覺得大理石較涼，這是因為大理石傳熱較快的原故。當我們把兩物體放在一起，彼此熱交換，冷熱溫度互相增減而達到熱平衡時，其溫度相同。此稱為熱力學第零定律 (The Zeroth Law thermodynamics)。為了量測物體的溫度，便可利用第零定律熱平衡的觀念，設計各式不同的溫度計，使溫度計和待測物達到熱平衡。而一般溫度計須具有以下特性：

(1) 測量時間快速，即短時間溫度計和待測物達熱平衡。
(2) 溫度計和待測物接觸部分之質量小，以免吸熱或放熱，影響原待測物溫度。
(3) 須具備高靈敏度及明確的讀數刻度，減少誤差。
(4) 適用於各種不同的溫度範圍。
(5) 容易攜帶或測量。

基於上述特性，我們常用的溫度計有水銀、酒精等液體溫度計、定容氣體溫度計、電阻溫度計、熱電偶、雙金屬溫度計、聲速溫度計等。其實無論固體、液體或氣體，其性質可隨溫度形成一固定比例之變化，便可利用此性質來量測溫度。

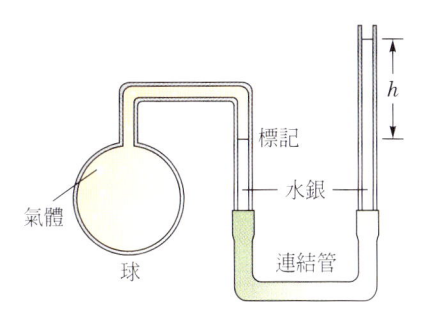

圖 6-15　定容氣體溫度計

　　至於常用的溫度標示有攝氏 $°C$ (Centigrade Scale) 華氏 $°F$ (Fahrenheit Scale) 和凱氏 $°K$ (Kelvin Scale) 又稱絕對溫度三種，其溫標間之轉換式為

$$T\ (°C) = \frac{5}{9}\ [T\ (°F) - 32]$$

$$T\ (°F) = \frac{9}{5}\ T\ (°C) + 32$$

$$T\ (°K) = T\ (°C) + 273.15$$

熱量與比熱

熱量是能量的一種形式，和溫度不完全相同。使 1 克的水升高溫度 1 °C，所需要之熱量為一卡。各物質所具有之熱量，不只和溫度有關，也和質本身之質量及比熱成正比。此關係式可表示為

$$H = mc\Delta T$$

式中 H 表示熱量，單位為卡 (Cal)；m 是質量，單位為克 (g)；c 為比熱，單位為卡/克 °C (cal/g°C) 或仟卡/公斤 °C (kcal/kg °C)；$\Delta T = T_2 - T_1$ 為溫度由 T_1 升高至 T_2 之溫度差。

比熱可以由卡計，利用混合法測定。例如將加熱之銅塊，放入裝有室溫 (或比室溫略低) 水的卡計內，由溫度升高 (水吸收熱量之計算)，可測出銅塊之比熱。常見物質之比熱如表 6-4。

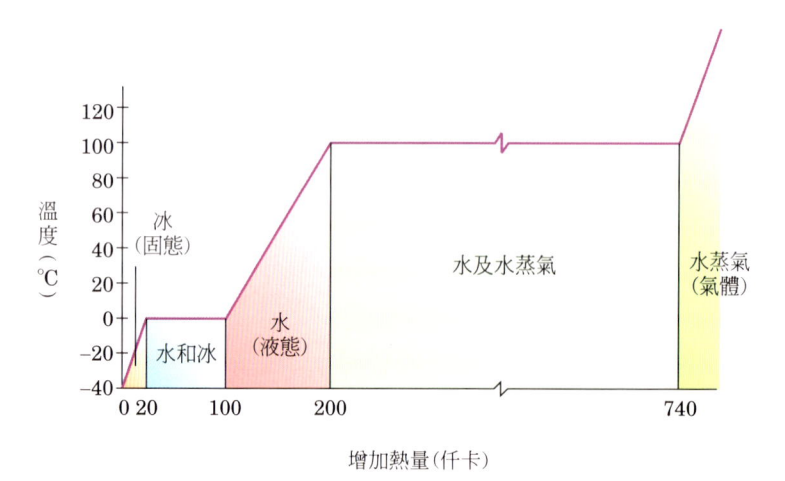

圖 6-16 1 kg 的冰由 −40 ℃ 加熱至 100 ℃ 以上吸收熱量之情形

物質除升高溫度會吸收熱量外，在相的改變時 (溫度沒變化) 也會吸收熱量，通常稱為潛熱 (Latent Heat)。如在溶點時，由固態變為液態，所吸收的熱量為溶解熱；在沸點時，由液態變為氣態，所吸收的熱量為汽化熱。表 6-5 列出在一大氣壓下物質之潛熱。

表 6-4 比熱 (1 大氣壓 20 ℃)

物質	比熱 仟卡/公斤·℃ (＝卡/克·℃)	焦耳/公斤·℃
鋁	0.22	900
酒精	0.58	2400
銅	0.093	390
玻璃	0.20	840
鐵或鋼	0.11	450
鉛	0.031	130
大理石	0.21	860
水銀	0.033	140
銀	0.056	230
木材	0.4	1700
冰 (−5 ℃)	0.50	2100
水 (15 ℃)	1.00	4186
水蒸氣 (110 ℃)	0.48	2010
人體	0.83	3470
蛋白質	0.4	1700

表 6-5 潛熱 (在 1 大氣壓)

物質	熔點 (℃)	熔解熱 仟卡/公斤 (卡/克)	熔解熱 焦耳/公斤	沸點 (℃)	蒸發熱 仟卡/公斤 (卡/克)	蒸發熱 焦耳/公斤
氧	−218.8	3.3	0.14×10^5	−183	51	2.1×10^5
氮	−210.0	6.1	0.26×10^5	−195.8	48	2.00×10^5
乙醇	−144	25	1.04×10^5	78	204	8.5×10^5
氨	−77.8	8.0	0.33×10^5	−33.4	33	1.37×10^5
水	0	79.7	3.33×10^5	100	539	22.6×10^5
鉛	327	5.9	0.25×10^5	1750	208	8.7×10^5
銀	961	21	0.88×10^5	2193	558	23×10^5
鐵	1808	69.1	2.89×10^5	3023	1520	63.4×10^5
鎢	3410	44	1.84×10^5	5900	1150	48×10^5

熱的傳遞

熱的傳遞方式可分為三種形式，即傳導 (Conduction)、對流 (Convection) 及輻射 (Radiation)。其中傳導及對流需靠介質作為傳遞的媒介，而輻射則不需要靠任何介質。

熱傳導：當一物體兩端有溫度差時，熱傳導才能測出，而且熱是由溫度高的地方流向溫度低的地方。例如放在熱湯中的金屬湯匙，握把處會升高溫度；放在鍋中加熱的豬排，下半部接觸鍋底，而上半部也會升溫煮熟。其主要原因，是物質高溫處之分子動能較大，藉碰撞方式，將能量傳給鄰近分子。並逐步傳導至各處，使各處分子動能相等。而每單位時間所傳導之熱流 ΔQ，和兩端之溫度差 ΔT (T_1-T_2) 及接觸截面積 A 成正比；與距離 ℓ 成反比。且和物質熱導係數 K (thermal conductivity) 有關。熱傳導之相關方程式為

$$\frac{\Delta Q}{\Delta t}=KA\frac{\Delta T}{\ell}$$

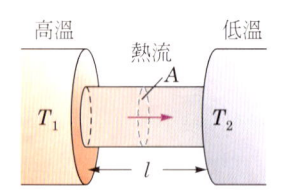

圖 6-17 熱傳導熱由 T_1 流向 T_2 $(T_1>T_2)$

表 6-6 列出某些物質的熱傳導係數，其中大部分金屬之熱傳導係數較高，而氣體較小。

熱對流：雖然通常液體及氣體不是良好的熱傳導物質，但它們卻可以藉著另一種傳遞方式——對流，來達到快速傳熱的功能。其傳遞的原因，大多由於不同溫度之液體、氣體，其壓力及密度不同，使不同溫度之流體，交互流動循環而造成。爐上加熱的水會產生對流，使得整鍋的水皆能煮沸。

表 6-6　熱傳導係數

物質	熱傳導係數 k kcal/(s·m·°C)	J/(s·m·°C)
銀	10×10^{-2}	420
銅	9.2×10^{-2}	380
鋁	5.0×10^{-2}	200
鋼	1.1×10^{-2}	40
冰	5×10^{-4}	2
玻璃	2.0×10^{-4}	0.84
磚塊	2.0×10^{-4}	0.84
混凝土	2.0×10^{-4}	0.84
水	1.4×10^{-4}	0.56
人體	0.5×10^{-4}	0.2
木材	0.3×10^{-4}	0.1
軟木	0.1×10^{-4}	0.042
羊毛	0.1×10^{-4}	0.040
空氣	0.055×10^{-4}	0.023

至於對流發生時，每單位時間 Δt，所增加或減少之熱量 ΔQ，則和溫度差 ΔT、物體表面積 A 及對流係數 (Convection coefficient) h 有關。即

$$\frac{\Delta Q}{\Delta t} = hA\Delta T$$

其中，對流係數 h 必須經過複雜的實驗才可得出結果。通常兩系統間，熱的傳遞方式，可能有對流和傳導一併發生。如熱由高溫的室內，流到低溫室外，可能會有空氣在室內對流；熱流由玻璃傳導至室外；室外的空氣也會對流等。除了自然對流以外，我們也可用馬達等機具，使流體強迫對流，而達到熱傳遞之功能。用熱水對流，使溫室內氣溫升高。

熱輻射：熱傳遞之第三種方式為輻射。地球上所有生物，皆須接受從太陽傳遞來的熱量。太陽表面溫度達 6000 °K，而太陽與地球之間的太空中，空無一物。故輻射可以超越真空傳遞熱量，而不須藉任何物質。單位時間之輻射率 $\Delta Q/\Delta t$ 和輻射體表面積

A、溫度 T 及發射係數 (emissivity) e 有關，此關係式稱為史蒂芬—波茲曼方程式 (Stefan-Boltzmann equation)。即

$$\frac{\Delta Q}{\Delta t} = e\sigma A T^4$$

式中 σ 為史蒂芬—波茲曼常數 (Stefan-Boltzmann Constant) 其值為

$$\sigma = 5.67 \times 10^{-8} \ W/m^2 k^4$$

而發射係數 e 值範圍 $0 < e < 1$。表面粗糙而黑者接近 1；光滑而白亮者接近 0。

　　物體所發射的輻射能，其實是以電磁波的形式傳出。波長約為 5×10^{-6} 公尺的波，具有最高的發射率。我們感覺到太陽光、火、電燈、熨斗等之熱量，大部分都是由輻射傳遞。而不同的輻射角度，也會影響熱量的傳遞。地球上的夏天及冬天，便是由太陽光照射角度之不同所造成。

　　日常生活中利用熱之理論，所製造的家庭電器、用具很多。如：冰箱、冷暖氣機、烤麵包機、微波爐、電磁爐、電鍋、熨斗等。

　　冷氣機是夏日經常使用的電器。其操作原理乃經由壓縮機，將氣態冷媒壓縮，使在凝結器中形成液體，並將熱量排出室外；經膨脹閥後，壓力減低，冷媒又形成氣態，溫度降低，靠風扇將冷氣送至室內。且由於冷媒膨脹時，周圍水氣會凝結成液滴，由水管排出，故冷氣機應有降溫功能。

　　電冰箱之冷卻原理和冷氣機相同。壓縮機作功使冰箱內造成低溫，熱量由冰箱後之凝結管散熱排出。故放置冰箱時，注意背後需離牆一段距離，以及通風散熱之效果。微波爐，是利用微波來烹調食物，無油煙、乾淨快速。微波之頻率介於 3×10^8 Hz～3×10^{10} Hz 之間。目前微波爐採用 2.45×10^9 Hz 頻率之波。其主要構造為磁控管，產生振動頻率，發出微波。微波照射到食物中的水分子，由於水分子的極化特性，微波能量使水分子之氫鍵斷裂，氫氧原子鍵結能量也釋出，使得水分子溫度升高，而達到煮熟的溫度。微波可穿透空氣、玻璃、陶瓷、紙張、塑膠等，且這些物質含水分很低，不會吸收微波能量，故可以作為容器，放置在旋轉盤上均勻加溫，且煮熟後容器溫度仍低，方便取出。若

是加熱時間較久，是因為熱傳導，使得容器也較熱，並非微波之加熱效果。另外因避免微波反射產生火花，裝食物之容器不能有金屬塗層。

6.4 電與現代生活

隨著人類文明的進展，電與現代生活密不可分。偶而因颱風停電，居住大樓的人將爬上幾十層樓，耗費許多能量，才可回到家。且家中電話、電視、電腦等家庭電器及照明，將無法使用。抽水機也因沒電無法運轉，而同時停水，幾乎無法生活。以下我們將從最基本的靜電、電流、電場、電路等觀念，介紹電與生活的關係，並討論常用的生活電器用品之基本原理。

任何物質皆由分子結合而成，而分子由原子組成。原子中具有帶正電的質子及帶負電的電子。物體之間彼此摩擦，會造成電荷的轉移，而使物體帶電。失去電子者會帶正電；獲得電子者會帶負電，且總電量守恆。正負電之間，同性電荷有排斥的性質；異性電荷之間有互相吸引之性質。

導體和絕緣體

金屬物質因具有吸引力較低的自由電子，通常是電的良導體。其他物質如塑膠、乾木材、陶瓷等則是絕緣體。

導體可傳導電荷，也可用感應的方式，使金屬帶電。而驗電器則可以用來測試物體是否帶電，或分辨所帶的電性。

庫侖定律 (Coulomb's Law)

法國物理學家查理庫侖 (Charles Coulomb)(1736-1806)，在 1780 年代發現兩帶電體之間的電力大小，和兩帶電體電量 Q_1、Q_2 乘積成正比；和距離 r 平方成反比。表示為

$$F = K \frac{Q_1 Q_2}{r^2}$$

式中 K 為電力常數，其值 $K=9\times 10^9$ 牛頓・米^2/庫侖^2 (Nm^2/C^2)。$Q_1 Q_2$ 為兩帶電體電量，單位為庫侖 (Coulomb)。距離 r 之單位為公尺 (m)。電力 F 之單位為牛頓 (N)。至於電力之方向，則沿著兩帶電體之間的直線方向進行。

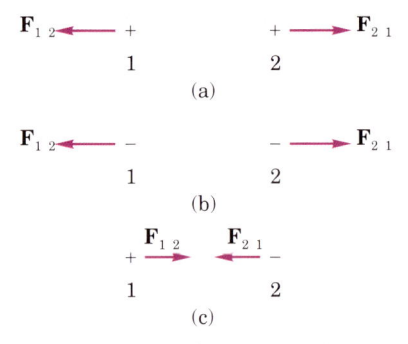

圖 6-18 電力方向由電性決定

電能的儲存

電能可以儲存在電容器 (capacitor) 內。通常以兩導體極板，中間隔以絕緣物質組成。可作為平行板狀，或捲成圓柱狀。其符號表示為 ⊣⊢。而電容量之大小，和板面積成正比；和板距成反比。電容以法拉 (庫侖/伏特) 為單位，但因在實用上法拉 (f) 之單位太大，故通常使用微法拉 ($\mu f = 10^{-6} f$) 或微微法拉 ($pf = 10^{-12} f$) 為單位。

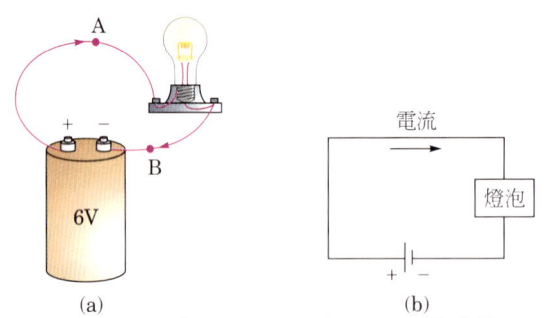

圖 6-19 燈泡接於電池之兩極則可以構成簡單電路

電容器可以和其他電子元件組合，在各電器及電路上扮演重要的功能。如可作為交流電變為直流電之整流器，減少電源電壓的降落，播送脈波信號，提供時間延遲啟動馬達，儲存相機閃光燈之電能，電腦之備用電能 (停電時使用)，收音機選擇電台頻率，或常用的電腦鍵盤等。

電流和電阻

由「導體和絕緣體」中敘述，在導體中有自由電子。銅線在未接上任何電源時，其自由電子散亂運動，往某方向流動之淨流

率為零。若銅線兩端接上不同的電位，電荷由於電壓、電場造成流動，而有電流產生。電流定義為單位時間通過導線某截面之電量。即

$$I = \frac{Q}{t}$$

$$電流 = \frac{電量}{時間}$$

上式中，電量之單位為庫侖 (coulomb)；時間之單位為秒 (sec)；電流之單位為安培 (ampere) 或庫侖/秒 (coul/sec)。

電池或發電機，皆為良好而穩定的電源。電池是將化學能轉換為電能；發電機則利用電磁感應，將正、負電荷分離。將燈泡接於電池之兩極，則可以構成簡單的密閉迴路，而有電流產生。再藉著電流之熱感應，使燈絲發熱，而產生亮光。電池所提供之電源為直流電，有正負兩極，其符號以？表示之。兩極之間的電壓單位以伏特 (volt 簡稱 v) 表示。通常電池的電壓有 1.5 v、9 v、12 v、24 v 等。常用電池之形式則有乾電池、鹼性錳電池、水銀電池、鉛蓄電池、太陽能電池等。經化學反應釋出電能後，無法再充電使用之電池，不得任意丟棄。應找特定回收點回收，以免造成環境污染。

圖 6-20　常用電阻

各種不同導體，其兩端雖然接上相同電壓之電源，但是所產生的電流卻不相同。這是因為各導體具有不同的電阻。銀、銅、金、鉛等金屬，具有較低的電阻係數。相同形體的鐵和銅，鐵之

電阻約為銅電阻的 6 倍。德國物理學家歐姆 (G.S.Ohm，1787～1854) 經多次實驗，發現電路中的電流大小，與外加電壓成正比；而與電路中的電阻成反比。此比例關係，稱為歐姆定律。即

$$電流 = \frac{電壓}{電阻}$$

$$I = \frac{V}{R}$$

上式中，電流單位為安培 (Amp)、電壓單位為伏特 (volt)、電阻單位為歐姆 (Ohm，Ω)。有關歐姆定律簡例，如手電筒接上 1.5 volt 電壓之電池，電流如為 0.3 Amp，則燈泡之電阻為 $R = V/I = 1.5\ V/0.3\ A = 5\ Ω$。

電阻色碼

顏色	數值	×10ⁿ	誤差 (%)
黑	0	1	
棕	1	10^1	
紅	2	10^2	
橙	3	10^3	
黃	4	10^4	
綠	5	10^5	
藍	6	10^6	
紫	7	10^7	
灰	8	10^8	
白	9	10^9	
金		10^{-1}	5%
銀		10^{-2}	10%
無色			20%

電阻在電路中的符號表示為 ─⋀⋁⋀─。有多種形式。電阻器上面的色碼，可以讀出其電阻值。如色碼為綠、棕、橙、金色，其電阻值為 $51 \times 10^3 \pm 5\%\ Ω$。

電流在今日科技生活中，雖然於各電器上大量利用，但如果流過人體，則有造成電擊之危險。人體之電阻在皮膚乾燥與濕滑時不同，約從 1000 歐姆至 500000 歐姆。若人體之電阻小如觸電，則流經人體電流加大。通常 0.001 安培可察覺電流存在；0.005 安培則會有刺痛感；0.07 安培流過心臟就會有致命危險。家用電

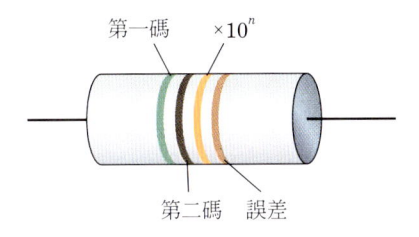

圖 6-21　電阻器接上面的色碼

器若能接上地線，萬一漏電，電流會流入地面，保護人身及電器本身之安全。

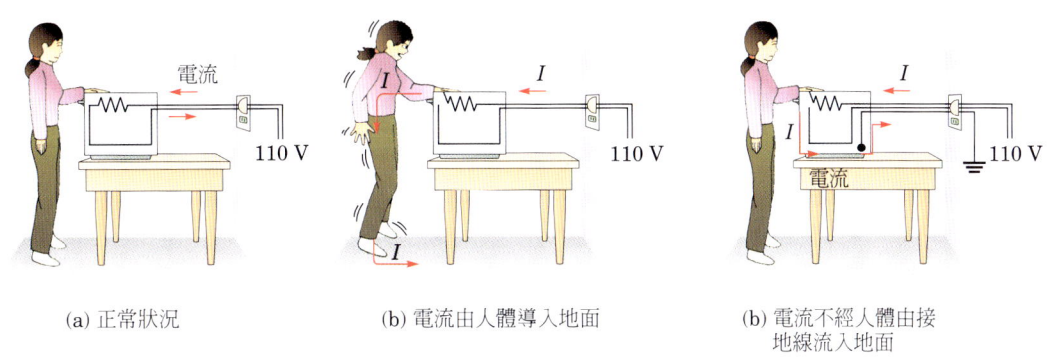

(a) 正常狀況　　　(b) 電流由人體導入地面　　　(b) 電流不經人體由接地線流入地面

圖 6-22　電器接上地線保護人身及電器本身之安全

電功率 (Electric power)

電流在電路中，單位時間所釋出的能量稱為電功率，單位為瓦特 (焦耳/秒)(watt，1 w＝1 J/s)。此功率 P 為電流 I 和電壓 V 乘積。即

$$P = I \times V$$

電功率＝電流×電壓

將歐姆定律 $V=IR$ 代入，可得
$P=I^2 R$ 或

$$P = \frac{V^2}{R}$$

如一般家用燈泡電功率為 60 W，接於 110 V 電源，燈絲電阻為

103

$$R = \frac{V^2}{P}$$
$$= \frac{110^2}{60}$$
$$= 201\ \Omega\ (通電時之電阻)$$

　　上述的導線、電阻器等，都有電功率的使用範圍。較粗的導線，能承受較高的電功率，即可通過較高電流。常見電阻器之電功率，約為 1/8～2 瓦特，一般為 1/4 瓦特。使用導線及電阻，必須注意電路中電功率或電流量之配合。若電功率不足，將導致導線或電阻燒毀及危險。

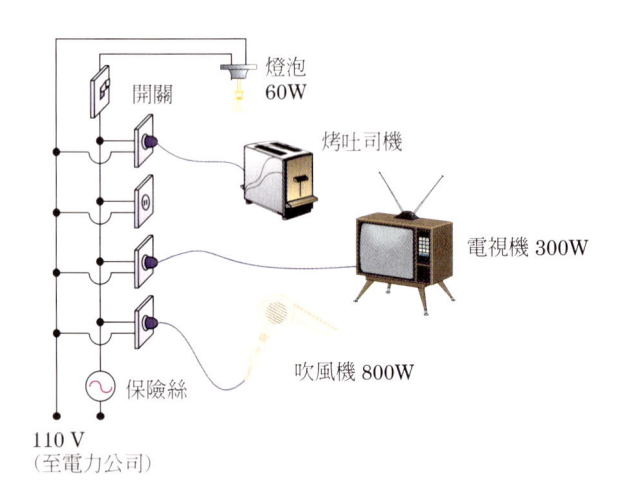

圖 6-23　家庭使用各電器之間的線路為並聯

　　家庭用電電壓，通常可分為 110 伏特及 220 伏特兩種。電力公司以度 (電能單位) 來計算電費。1 仟瓦的電功率連續使用 1 小時之電能為 1 仟瓦小時稱為 1 度，即為 3.6×10^6 焦耳之電能 (自來水公司 1 度的水，則是指體積 1 立方米的水，和電力公司

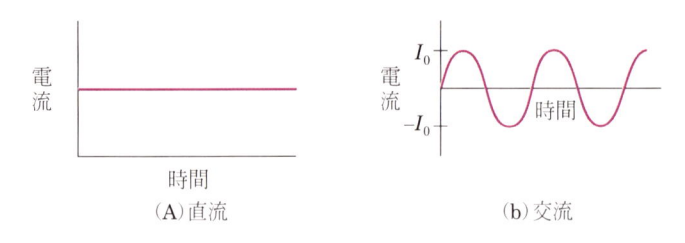

圖 6-24　直流 (DC) 與交流 (AC) 電流對時間之關係圖

之度數不同，電表和水表也不同)。家庭電器之使用，各電器之間的線路為並聯方式，且個別電功率也不相同。而同時使用之電器，其總電流量，不可超過總開關之電流安培數 (超載)。

在開關箱中通常裝有保險絲或自動斷電開關，以免發生危險。保險絲若燒壞，必須換同樣規格 (安培數) 之保險絲，太小易燒壞；太大則會造成電流過量而發生危害。電線脫皮互相接觸，造成未流經電器之大電流，也是保險絲熔斷之常見原因。平時使用電器，應注意插頭及插座附近之電線狀況，使用太久之電線或插頭應換新較為安全。

直流電與交流電

電流可分為直流 (DC) 與交流 (AC)，導線中電流方向若固定朝同一方向流動，稱為直流電；若來回往復流動者，稱為交流電。

通常使用乾電池、蓄電池皆為直流電源；而電力公司因考慮長程輸送電力時，交流電消耗較少電能，且能夠利用變壓器改變電壓，故提供家庭、工廠等交流電。

家庭電壓通常為 110 伏特，冷氣等耗電量較大者，則用 220 伏特電壓。頻率 (即交流電每秒改變方向的次數) 為 60 Hz。一般稱電壓 110 伏特，指的是交流電壓的有效值 (或稱均方根值 root-mean-square，rms 值)。最大電壓或稱峰值 Peak 電壓為 110 伏特之 $\sqrt{2}$ 倍，約為 160 伏特。

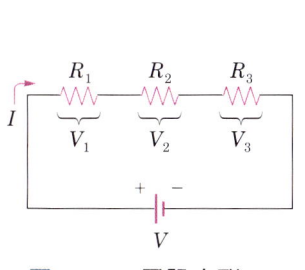

圖 6-25　電阻串聯　　　　圖 6-26　電阻並聯

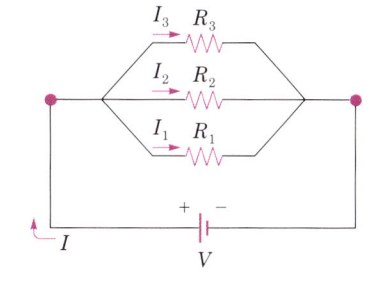

至於電路中電器 (電阻) 之聯結方式，可分為串聯 (series) 和並聯 (parallel) 兩種。串聯的電阻變大，流經各電阻之電流相同；並聯的電阻減小，各電器端電壓相同。R_1 R_2 R_3 三個電阻串聯的等效電阻 R_{eq} 之值為 $R_{eq}=R_1+R_2+R_3$。

圖 6-27　三用電表

三電阻並聯的之等效電阻 R_{eq} 為

$$\frac{1}{R_{eq}}=\frac{1}{R_1}+\frac{1}{R_2}+\frac{1}{R_3}$$

線路中的電流、電壓、電阻可用安培計、伏特計、歐姆計或三用電表度量之。

常用家電

　　家庭中常用的電器，如烤箱、電熨斗、吹風機、電鍋、電熱水瓶、電燈等，皆是利用電流流經電熱絲電阻，產生的熱效應，電風扇則是利用電磁效應將馬達轉動，而帶動風扇之葉片。電梯設備，通常在上層有捲揚馬達，拉動懸吊鋼索，使電梯上升下降。電腦則利用先進的積體電路 (IC)，分為輸入單元、輸出單元、記憶單元、中央處理單元等部分，可以快速處理大量資料。近年來網路之使用，更成為家庭必備的資訊來源。電視機是利用電子束，在螢光幕上撞擊，產生影像等。

6.5　塑　膠

　　二十一世紀已來臨，人類在二十世紀內，在科學方面的發現與技術的進步成果豐碩，從抗生素、半導體、電子通訊、複製羊、威而鋼……等的發明，使得科技已成為人類社會生活不可或

缺的一部份。科技是現代國家立國的重要基石。尖端科技絕對少不了材料，一般所使用的材料，依機械、電學及物理等性質可以分為金屬、高分子、陶瓷、複合及電子等五種材料，以下將介紹高分子材料──塑膠。

塑膠的世界

　　塑膠 (plastic) 在日常生活中是不可或缺到處都有的，試想一部電腦如果沒有塑膠，那麼只剩下什麼呢？

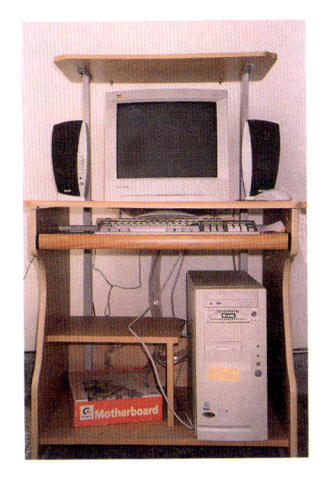

圖 6-28　現代人不可或缺的工具─電腦，其中組成大多是由塑膠製成

　　塑膠稱霸二十世紀，是現代生活不可缺少的材料。塑膠的誕生要感謝撞球運動的盛行。當時的撞球是用象牙做的，非常昂貴，為了要製造廉價的撞球，所以重金徵求方法。結果由海特兄弟提出的利用硝化纖維素加上樟腦可製成又圓又滑的撞球，當時稱為賽璐珞，又輕又便宜，自此塑膠開始風行。塑膠是高分子或聚合物 (polymer) 的一種天然存在的有機化合物，如天然橡膠、纖維 (cellulose)、澱粉、蛋白質、核酸等；無機化合物，例如雲母、石墨、石棉 (asbestos) 等。其中天然橡膠和硫磺混合是美國化學家固特異在 1839 年偶然機會下發現的，混合之後可製成既有彈性而又不發黏的汽車輪胎、手套、鞋底等橡膠製品後，它就成為發展汽車、飛機的先導工業。

　　然而，天然橡膠為何有這麼好的彈性？這個問題吸引了很多化學家的研究，其中斯陶丁格在 1920 年論文中首先發表了自己的觀點，認為像天然橡膠、纖維素、蛋白質等物質，是由幾千乃

至幾百萬個碳原子，像鏈條那樣聯結起來的高分子。此理論受到了化學界一些科學家的抨擊，直到 1938 年美國化學家卡羅塞斯將己內醯胺 (小分子) 用鹼性物質作催化劑，得到了尼龍之後，才證實了斯陶丁格理論的正確性。從此人們在斯陶丁格鏈結構理論之指導下，分別將乙烯、丙烯、苯乙烯……進行聚合，得到了琳琅滿目的高分子產品，斯陶丁格儼然成為高分子化學的奠基人。

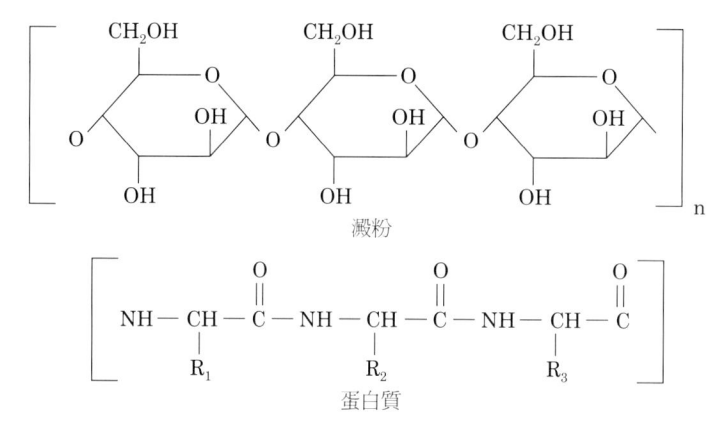

圖 6-29　澱粉及蛋白質之分子結構

所以，高分子是由小而簡單的化學單位所組成，即所謂單體 (monomer) 的小分子，從不同的觀點，有各種分類，除了之前所敘述的天然聚合物、合成聚合物外，還有從分子結構次元分類 (一次元聚合物、二次元聚合物、三次元聚合物)，從物理性質和用途分類 (橡膠、塑膠、纖維、接著劑、塗裝劑)，從可塑性分類 (熱可塑性、熱固性) 等。表 6-7 是常見塑膠材料的性質、用途和其單體。

現在我們每天所用到的各種東西，舉凡橡膠鞋、襪子、衣料、雨衣、雨鞋、人造皮衣、眼鏡框、家庭用的廚房用具、餐具、電視機、烤箱、沙發墊、電話機殼、電風扇、皮箱、壓克力、唱片架、包裝袋、包裝用的軟質或硬質發泡海綿；汽車的各種橡膠或塑膠零件；印刷油墨、油漆、接著劑、橡膠船、橡膠或塑膠床、遊艇；工程塑膠以代替鋼鐵；人造心臟、人造骨骼、及至火箭、太空船、衛星等均全部或部分由聚合物製成的。這些人造高分子物質早期是以煤炭為原料，現在則以石油中輕油部分裂解出單體分子為原料。

表 6-7　常見熱塑性塑膠、性質用途和其單體

塑膠材料	簡稱	單體	性質	製造用途
聚乙烯	PE	乙烯，$CH_2=CH_2$	柔軟，透明或半透明固體，具不透水性。	塑膠袋、保鮮膜、玩具。
聚丙烯	PP	丙烯，$CH_3-CH=CH_2$	質較聚乙烯硬，有脆性，耐酸鹼，電絕緣性佳	保鮮盒、置物籃、梳子、保鮮罐、汽車用品。
聚苯乙烯	PS	苯乙烯，$C_6H_5-CH=CH_2$	較脆，質輕易染色、耐酸鹼，易加工。	拋棄式杯子、湯匙、原子筆桿、電氣用品之殼架。
聚氯乙烯	PVC	氯乙烯，$CH_2=CHCl$	質硬，有脆性，耐酸鹼，電絕緣性佳。	建材中電管、水管材料、地板、天花板、唱片、信用卡、插頭。
聚四氟乙烯	PTFE	四氟乙烯 $CF_2=CF_2$	耐摩擦、耐化學性、耐衝擊性佳、電絕緣性佳。	防蝕襯墊材料、防水膠、軸承。

圖 6-30　製成不粘鍋的材料，即是鐵氟龍

　　以塑膠袋的製造為例，它是將原油經裂解之後產生乙烯分子進行聚合反應產生聚乙烯 (PE)。乙烯就好像有兩隻手，一隻在觸媒表面，一隻則捉住另一分子，時間越久捉得越多。如下之結構式：

$$\underset{\text{乙烯}}{\overset{H}{\underset{H}{C}}=\overset{H}{\underset{H}{C}}} \xrightarrow[\text{催化劑}]{\text{加熱加壓}} \underset{\text{聚乙烯單體}}{\left[\overset{H}{\underset{H}{C}}=\overset{H}{\underset{H}{C}}\right]_n}$$

最後再經高溫吹塑而形成薄膜，如此一個一個具有延伸，柔韌的

塑膠袋便已製成。不同的塑膠材料是由不同的單體所合成。例如，丙烯聚合成聚丙烯 (PE)，氯乙烯聚合成聚氯乙烯 (PVC)……等，但當不同單體聚合在一起產品會有不同的性質出現此為複合材料。像是工程塑膠 ABS 是由 A (丙烯腈) B (丁二烯) S (苯乙烯) 共聚製成之塑膠，可用在電腦外殼、安全帽之製造等。另外將親水性丙烯醇接在單體上則吸水性是棉花的一百倍。還有就是將纖維加入塑膠中，增加塑膠強度，製造網球羽球拍、遊艇外殼、滑雪板、人造衛星太空船、風浪板……等。

圖 6-31　羽球拍是由複合材料所製成　　圖 6-32　省電智慧型窗簾的使用將節省許多能源

　　長久以來，塑膠一直看作是絕緣體，正因為此絕緣特性，所以被廣泛用在日常生活用品及光電產業的電子構裝技術中。然而在 1970 年末期，日本科學家白川英樹 (H. Shirakawa) 以及美國科學家希格 (A.J. Heeger) 和麥克戴密 (A.G. MacDiarmid) 發現在聚乙烯薄膜中加入少量氧化劑或還原劑，可將其導電性提高十億倍以上，而達到如金屬般的導電性。這種導電性高分子能夠因施加電壓而進行電化學反應而變化顏色或透明性，此種電致變色的特性，可以有相當多的應用如省電智慧型窗簾在日曬時使窗戶變暗節省冷氣運轉，剛在天氣變冷時呈現透明使更多光照進室內，進而節省暖氣。

6.6　食品與營養

　　人類為什麼要攝取食物？因為食物能夠提供營養，才有健康的身體，進而有抵抗疾病的能力，讓人延年益壽。
　　食物含有四五十種重要的物質，人體必須從中攝取適當的份

量才可以促進生長、調節生理機能以及維持身體的活力，達到健康的目的。

　　一個生物體由環境中接受營養素，加以利用以達到其維生之需求，這個過程就是所謂的「營養」。現代營養學的起源並不長，而大家並不陌生的蛋白質、鐵和維生素是十八世紀才被認知。至於有系統的研究，則在二十世紀才展開，由於食物營養對人體的重要性，現代人都應該具備一些基本常識。存在於食物而且是人體為了維持健康及生命所必需的物質稱之為營養素 (nutrient)。一般而言，營養素可以分為六大類：(1) 醣類 (carbohydrate)，又稱碳水化合物。(2) 脂質 (lipid)。(3) 蛋白質 (protein)。(4) 維生素 (vitamin)。(5) 礦物質 (mineral)。(6) 水份 (water)。

圖 6-33　日常生活中所需具有六大營養素之食品

　　這六大類營養素包含千百種的元素及化合物。營養素對人體的功用分為三項：

1. 提供人體燃料。營養素經氧化後產生熱量，維持人體的活動。
2. 提供人體骨架和柔軟的組織所需的物質。骨骼、肌肉、神經、血液等的構造及修補均需要營養素的來源補充。
3. 提供人體各種新陳代謝等生理功能所需的物質。

醣　類

　　醣類是含有碳、氫和氧元素化合物的總稱。例如葡萄糖水

($C_6H_{12}O_6$)；蔗糖 ($C_{12}H_{22}O_{11}$)；澱粉 ($C_6H_{10}O_5$)$_n$ 及纖維素。大部份醣類由於分子內氫與氧原子的比例如同水分子之氫氧比為 2:1，故又稱碳水化合物。就化學觀點來看，碳水化合物是多羥醛或酮類(polyhydroxy aldehyde or ketones)，或是他們的縮合產物或衍生物。

若依結構來看，醣類可以分為四大類：單醣類 (monosaccharides)、雙醣類 (disaccharides)。寡醣類 (oligosaccharides) 及多醣類 (polysaccharides)。

單醣類：是最簡單的醣類，可依據分子內的碳原子數目來加以分類，有三碳醣、五碳醣 (戊醣) 及六碳醣 (己醣)。在食物中以六碳醣的分佈最廣，分子式為 ($C_6H_{12}O_6$)，以葡萄糖、半乳糖及果糖在營養學上較為重要。各種單醣在水溶液容易形成環形構造。其中葡萄糖通常以游離態存於植物的葉子、根、莖、花朵和成熟的果實中。它存在於糖楓的樹汁中可做成楓糖漿；大部份動物血液都有發現其存在；在結合狀態時，它可存在於寡醣類和多醣類，如蔗糖，澱粉和纖維素等。

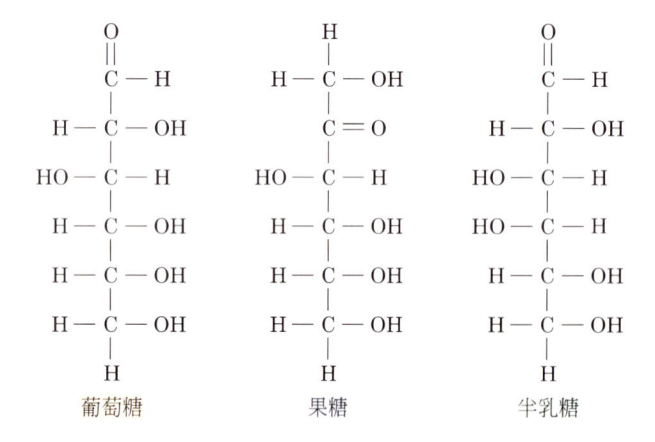

圖 6-34　單醣分子式

雙醣類：兩個單醣分子結合成雙醣，分子式為 $C_{12}H_{22}O_{11}$。較重要的雙醣類是蔗糖、麥芽糖及乳糖。蔗糖是日常生活當中最常用的甜味劑，為砂糖的主要成份。

寡醣：寡醣是由 3 到 10 個單醣分子結合而成的聚合物質。不如單醣或雙醣般分佈廣泛，僅少量存在於一些食物如棉子糖。寡醣

不為人體消化道吸收，但是到了腸後段卻能夠被一些腸道微生物發酵而產酸及氣體。這就是食用過多黃豆、花生及其他豆類食物後，常引起腹部脹氣和放屁的原因。

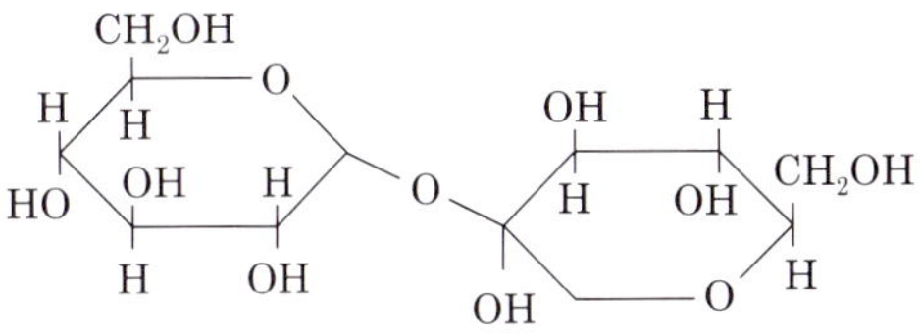

蔗糖

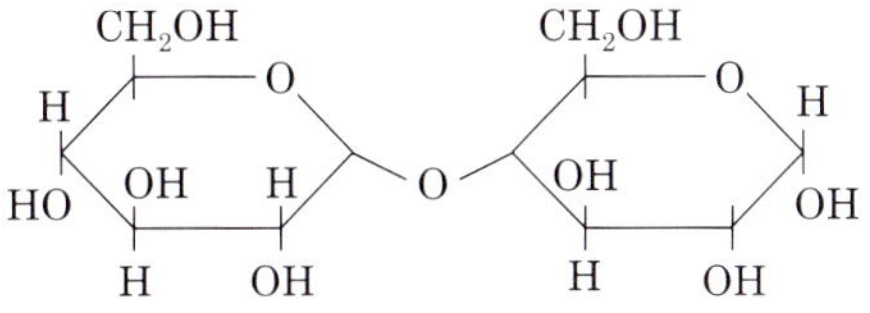

麥芽糖

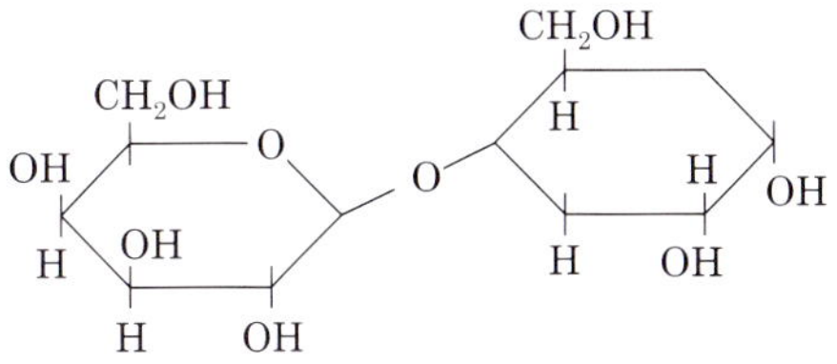

乳糖

圖 6-35　雙醣分子式

多醣類：由許多單醣聚合而成的大分子物質，分子式為 $(C_6H_{10}O_5)_n$，不易溶於冷水，不結晶、亦不具甜味。有澱粉、肝醣及纖維。

表 6-8　多種甜味劑的甜度比較

甜味劑	相對甜度
糖精	300
阿斯巴甜	180-200
果糖	1.2-1.7
蔗糖	1.0
葡萄糖	0.7
麥芽糖	0.3
半乳糖	0.3
乳糖	0.15

醣類主要功用為供給人體熱量的來源。

脂　質

脂質的俗稱就是脂肪，為固態脂肪及液態油的總稱。可以分

為簡單脂質 (含脂肪及油、蠟、膽固醇酯類，維生素 A 酯類及維生素 D 酯類)，複合脂質 (含卵磷脂、半乳糖脂質…等)，衍生脂質 (含膽固醇、維生素 D……等)。其中卵磷脂廣存於動物的腦、神經、血液、蛋黃、乳汁及肝臟中。主要功用是作為乳化劑 (emulsifier)，能夠有效的將脂肪與水交融在一起或乳狀液，避免油、水分層現象，在食品工業上使用得相當廣泛。

一般而言，每公克脂質提供 9 大卡的熱量，是體內儲存熱能的最佳方式，脂質累積於皮下脂肪層時，有擔任絕緣的功用。

蛋白質

蛋白質是生物維持生命不可缺少的物質，因為它是重要的構造成份，是一切生命的主要化合物，在自然界分佈非常廣泛。蛋白質也是由碳、氫、氧組成，但是與脂質和醣不同的地方是多含了氮元素、硫元素、磷元素等。

將蛋白質水解後通常可得到 20 種胺基酸，所有胺基酸都含有至少一個有機酸根，或稱羧基 (carboxyl group-COOH) 及一個胺基 (amino group-NH_2)，如圖所示。以這些胺基酸為構成單元，一個胺基酸的 α—胺基與另一個胺基酸的羧基連接在一起，這種鍵結稱為肽鍵 ($-\overset{H}{\underset{O}{C=N-}}$)。蛋白質所含胺基酸種類由 8 到 18 種不同，差異很大。由於胺基酸種類及量不同，再加上排列順序相異，因而產生許多不同種類及功用的蛋白質，而且分子量可以由數千到數百萬。蛋白質經食入後，必需先經消化分解成胺基酸才能為人體吸收利用，胺基酸具有兩性 (amphoteric) 性質，它可以和酸、鹼作用。

圖 6-36　胺基酸構造

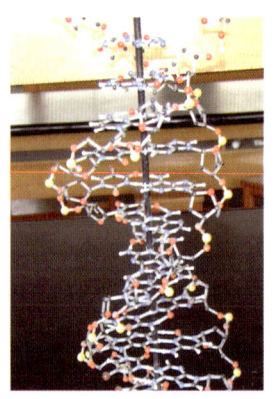

圖 6-37　蛋白質之 α-螺旋構造

維生素

維生素是一些只要少量就可以維持健康、促進生長所必需的一群複雜的有機化合物。約在西元 1750 年時，James Lind，一位船醫以少量柳橙汁來預防長久航海船員所患的壞血病。到 1896 年在爪哇工作的荷蘭醫生 Eijkman，又發現吃精白米會引起腳氣病，防止腳氣病的維生素為硫胺素，現在知道它富含於磨米過程中被去除的米糠中。直到 1912 年，霍布金斯 (Hopkins) 的研究才確定了維生素的存在，也了解到其重要性。

維生素可以分為二大類，能夠溶解於脂肪者，稱為脂溶性維生素 (fat-soluble vitamins)，例如維生素 A、D、E、K；而溶於水者，稱為水溶性維生素。(water-soluble vitamins)，例如 8 種維生素 B 群及維生素 C。每一種維生素都有特定的結構和功用如表 6-9。許多維生素和體內的酵素系統有關。所有的動物都需要維生素，但並不是每一種都是各種動物所必需的。

表 6-9 各種維生素及其功能

維生素	來源	在體內主要功能	缺乏時所患疾病
A	橘黃或深綠色蔬菜、水果中	使眼睛適應外界光線的強弱、調節上皮組織的生長	夜盲症，乾眼症
B_1	核果、豆類、全穀類或強化穀類、胚芽、豬肉及魚類	輔酶，預防及治療腳氣病及末稍多發性及精神狀態	腳氣病，影響神經系統、心血管系統及腸胃功用
B_2	牛乳及乳製品	輔助細胞氧化還原作用，防治眼血管充血及嘴角裂傷	口角炎，發生疲倦，傷口癒合緩慢
B_6	豆類、核果類、全穀類、糙米、瘦肉……	參與蛋白質及胺基酸的合成與分解	肌肉乏力、神經緊張、貧血
B_{12}	動物性食物	主要形成 B_{12} 輔酶及甲基 B_{12} 兩種輔酶	惡性貧血，虛弱，體重減輕，機能減退
C	蔬果、水果	促進骨骼牙齒和肌腱結締組織膠原蛋白的合成	抵抗力弱、傷口不易復原
D	皮膚獲得充分日照，蛋白，肝臟，鮭魚	協助鈣、磷的吸收與運用，幫助骨骼牙齒正常發育	佝僂病，骨質軟化症
葉酸	綠葉蔬菜，核果類、柑橘類	人體將葉酸轉變成五種具輔酶，可幫助血液形成，並促成核酸及蛋白質合成	骨髓合成紅血球的能力降低，急躁、健忘、呼吸困難

礦物質

　　礦物質是自然界存在的無機物，只有一定的物理特性，較維生素的化學組成簡單多了。許多種類的鹽類對於體內化學活動及特定組織的成份是必需的。與維生素一樣，人類無法合成礦物質元素，因此必需由食物供給。礦物質的主要功能是形成堅硬的組織，例如骨骼；幫助肌肉和神經活動，在許多酵素反應裡擔任催化劑；是體內一些有機物質像是血紅素、甲狀腺素的必要成分。

　　人體必須從飲食獲得的礦物質分成兩大類

(1) 主要礦物質—鈉、鉀、氯、鈣、磷、鎂、硫。
(2) 次要礦物質—在體內含量相當少；有鐵、鋅、碘、氟、銅、硒、鉻、鈷、錳及鉬。

6.7　健康生活的維護

　　隨著現代科技的發展，不但使人們享受著舒適的生活，也因為醫藥的進步，使得各種疾病的患者能受到更妥善的治療，死亡率大幅降低，人類的平均壽命也逐年增加。

　　然而，社會進步也導致各種文明病日益增多，如奢華的飲食和心臟病、高血壓、痛風…脫不了關係；而空氣污染引起的呼吸道疾病、噪音導致的精神和聽力方面的問題都威脅著現代人的健康。因此，我們不僅要活得久，更要活得好，這需要在日常生活中注意健康的維護，例如：

1. 均衡的飲食：飲食中要注意各類型食物的均衡搭配，不偏食，不過量，維持理想體重。盡量選用高纖食物，秉持少油、少糖、少鹽的原則。
2. 規律的生活：不過度疲倦也勿太閒散，適度的休息與運動，保持愉快的情緒均有助於強化體內免疫力、抵抗疾病的入侵。
3. 遠離致病源：現代生活中充滿了危害健康的「陷阱」。像是許多食品添加物 (如亞硝酸) 有致癌性；香菸中的尼古丁、陽光中的紫外線均有害於人體，我們應力求避免接觸這些致病源。至於對各種毒品，更應理所當然的說「不」！
4. 健康檢查：疾病在早期發現時往往有較佳的治療效果，何況許

多重大疾病在早期時並無症狀，因此定期健康檢查可以達到早期發現、治療之效。

節 育

時代進步的另一現象是人口增加，目前地球上人口已突破六十億，而台灣的人口也超過了二千三百萬。在眾多人口下所引發的各種問題，如糧食不足、土地不夠、環境污染和資源快速耗竭都嚴重影響人們的生活，因此控制人口成長是世界各國都重視的課題。

表 6-10　避孕方法摘要

避孕法	原　理	避孕成功率	問　題
避孕藥	人工合成之激素可抑制排卵	服用正確達 99.8%	必須規則服用；餵母乳時不宜服用；某些疾病如中風、心臟病、高血壓患者不可服用
輸卵管結紮	以外科手術結紮封閉輸卵管	99% 以上	很難再恢復生育
輸精管結紮	以外科手術結紮並截去一段輸精管	99.99%	很難再恢復生育
保險套	以膠套盛接精子，不使其進入女性體內	使用正確達 90% 以上	保險套可能破或漏
子宮內避孕器 (IUD)	以外物置於子宮，干擾受精卵著床	96～98%	裝入後幾天可能有些出血或腰酸腹痛。以後月經量可能較多或經期較長；有時有不規則出血或腹痛

資料來源：衛生署・國民保健手冊

節育是控制人口最有效的方法，為了節育，人們使用了各種避孕方法，其原理不外於下列三種途徑：阻礙精子與卵的結合、抑制卵的成熟和排出，以及干擾受精和阻止受精卵著床等。每種避孕方法其效果和使用方法有相當大的差異，有些還有使用對象的限制。表 6-10 所列的是我國政府衛生單位推廣的避孕方法摘要。

優生保健

遺傳疾病是由於體內的遺傳物質發生異常而引起的病變。在

我們的每個體細胞中均含有 46 條 (23 對) 染色體，這個數字不能多也不能少，而染色體本身也不能有缺陷，否則都有不良後果。例如唐氏症 (Down's syndrome) 就是一種遺傳疾病，其第 21 對染色體上多了一條，患者有先天性心臟缺損、智能不足等情形。

　　唐氏症的發生機率隨產婦年齡而增加，二十至三十歲的產婦生下唐氏症嬰兒的比率只有千分之一，但四十歲的產婦則高達百分之一。在以往，人們對於生下唐氏症的孩子只能接受事實，但其以後的成長、教養則造成家庭、社會的沈重負擔。而現代由於醫療進步，我們已經可以早期發現多種遺傳疾病並採取必要的措施，盡力避免遺傳疾病的蔓延，以達到提高人口素質的目的，這就是優生保健的真諦。

婚前健康檢查：有些遺傳疾病為隱性疾病，其本人雖帶有異常因子卻不會顯出症狀，但若此人與帶有相同隱性異常因子的異性結婚，則有可能生出患有該疾病的子女，例如地中海型貧血、血友病等均是典型例子。

　　現在，婚前或已婚但尚未生育的男女可透過這種健康檢查來發現是否存在此類有礙優生的健康問題，並透過遺傳諮詢及生育指導來尋求適當的生育計畫。

產前遺傳診斷

　　對於三十五歲以上的高齡孕婦，及其他可能生育先天性遺傳病兒的高危險群孕婦，醫師可經由超音波、羊膜穿刺及絨毛膜取

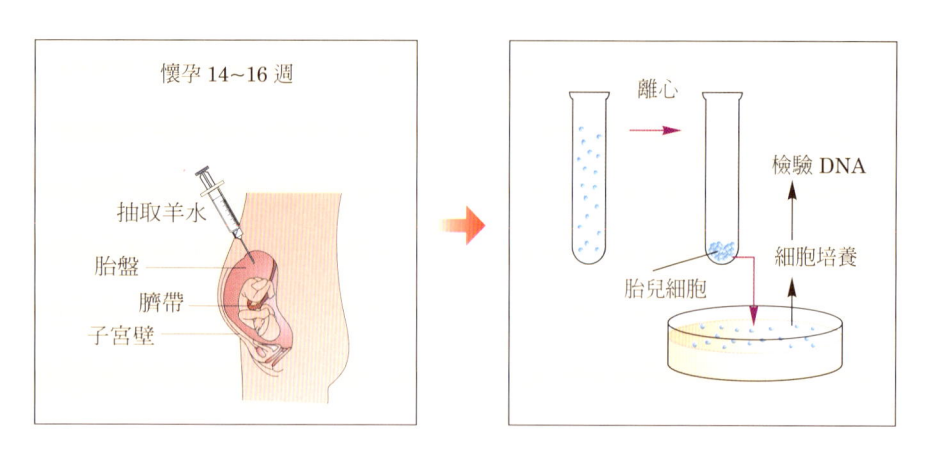

圖 6-38　利用羊膜穿刺術可以檢驗遺傳疾病

樣或胎兒臍帶取血等檢查，於婦女懷孕早期診斷胎兒之染色體是否正常。例如羊膜穿刺術是在懷孕 14～16 週時以小針刺入子宮抽取少量羊水 (內含剝落的胎兒細胞)，經 2～3 週培養後檢定胎兒細胞中之染色體是否正常。假設發現胎兒為唐氏症，即可施行人工流產以達優生之目的。

新生兒篩檢

新生兒篩檢是「新生兒先天代謝疾病篩檢」的簡稱。先天代謝疾病亦屬遺傳疾病。例如苯酮尿症 (PKU) 即因基因缺陷而導致體內的苯丙胺酸無法轉變成酪氨酸，於是苯丙胺酸堆積使得腦部受損並形成智力障礙等症狀。

由於有些先天性代謝疾病的症狀在出生後數日才會顯現出來，但此時已失去最佳治療時機。因此，目前在具有接生業務的醫院，診所或助產所均針對所有出生三至五天的新生兒抽血檢驗，以早期發現諸如先天性甲狀腺低能症、苯酮尿症、半乳糖血症等疾病，並立即給予治療，使患病的孩子能較正常的發育。

6.8 生物科技

生物科技 (Biotechnology) 是近年來快速發展的新興科技與產業，其涵蓋範圍廣泛，舉凡在醫療、藥物、作物改良、診斷試劑、環保等各方面都有很大的發揮空間。

廣義而言，凡利用生物的特性來製造各種產品以供人類所需，皆可稱為生物科技。像人類很早以前就知道用雜交的方式來選擇優良性狀，改良禽畜及農作物；更在尚不瞭解微生物學的時候就會利用真菌、細菌來釀酒、製作乳酪了。

到了二十世紀中葉，生物學有突破進展，1953 年發現 DNA 的雙螺旋結構，遺傳的訊息被瞭解後，生物科技進入了嶄新的領域。1970 年代，基因重組技術發明，人類可以跨越物種間的障礙把不同的物種配在一起，創造出原本不存在於自然界，但符合人類需求的生物。

基因重組

基因重組的原理為，由於基因決定了生物的形性表現，若以

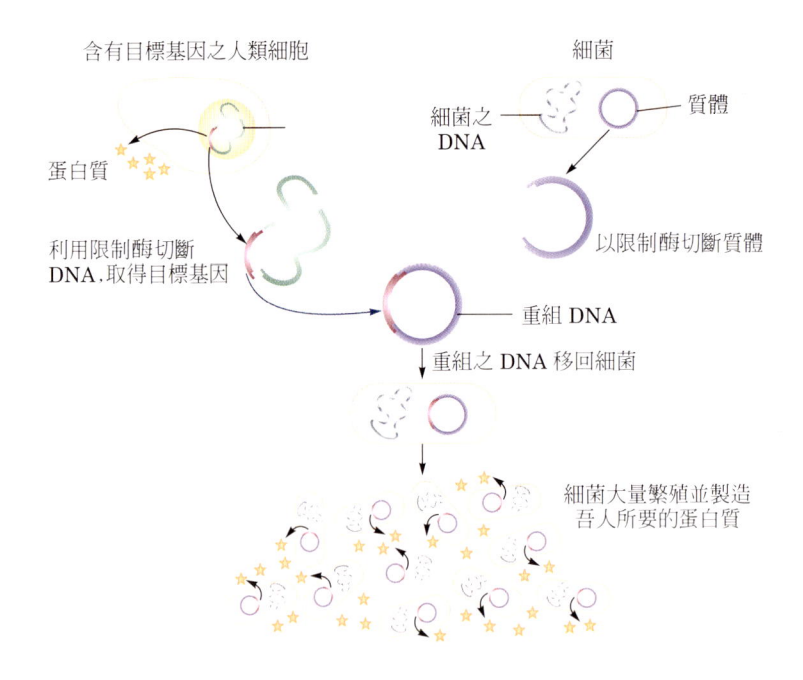

圖 6-39　基因重組可以利用細菌快速繁殖的特性而大量製造吾人需要的蛋白質

　　人為方式將某一外來 DNA (此 DNA 含有吾人所需要的基因) 加入某生物的細胞中，當此外來 DNA 能發揮功能並製造新產物時即可達到人類的需求。

　　今以基因重組最常用到的大腸桿菌為例來說明。大腸桿菌是普遍寄生在人體腸道中的一種細菌，其細胞內除了有一個環狀 DNA 之外，還有另一種小型的 DNA，稱為質體 (plasmid)。由於質體屬於額外 DNA，即使被修改甚至遺失都不會影響到大腸桿菌，因此基因重組便以質體做為攜帶外來 DNA 的「載體」。

　　基因重組的基本程序為：(1) 溶掉具有目標蛋白質的細胞，取出 DNA。(2) 以酶切斷 DNA，取得含目標基因之 DNA 斷片。(3) 將 DNA 斷片連於載體 DNA 上。(4) 將載體 DNA 植回大腸桿菌。(5) 培養大腸桿菌，收集由目標基因指令而製造出的目標蛋白質。

　　這項技術早已應用於實際生產。例如治療糖尿病的胰島素以前需經由牛或豬的活體取得，不但價格昂貴而且常在患者引起過敏反應。現今已將人類製造胰島素的基因植入大腸桿菌中，令大腸桿菌製造出胰島素。因為大腸桿菌繁殖快速，培養容易，因此可以在短時間內獲得大量胰島素，大幅降低成本造福病患。

基因重組也用在農作物改良上，例如「基因改造食物」(基因食品) 即是。其方法是由生物體中分離出特定基因，將之植入細菌或病毒後再去感染植物，使此特定基因進入植物細胞中。利用這種經過基因改造的植物製造的食物就是基因改造食物。

　　1994 年開始在美國販售的一種番茄是第一種上市的基因改造食物。一般的番茄成熟後會立即變軟，不利市場銷售，而使番茄變軟的是細胞中的「果膠分解酶」。這種基因改造的番茄便是併入了「抑制果膠分解酶基因作用」的 DNA，使其在成熟採收後要經過一段時間才會變軟，提高了市場價值。

　　現在常見的基因改造食物有大豆、玉米、馬鈴薯等，它們大多是被改造成更能抵禦霜寒或抗病蟲害。據估計，在 1999 年全世界有四千萬公頃農地種植基因改造農作物，其中有百分之九十九集中在美國、加拿大和阿根廷。

　　在環保方面，人類嘗試用細菌來清除石油污染。在自然界原本即存在可分解石油的細菌，但科學家更利用生物科技來加強其分解能力，當發生石油污染時就可以用這種細菌來「吃」掉油污。此外，能分解塑膠的微生物及能淨化空氣污染的植物也都在研究中。

其他生物科技

　　除了基因重組以外，還有一些已廣泛應用的生物科技，例如組織培養 (tissue culture) 是將生物體的細胞放在特殊配方的培

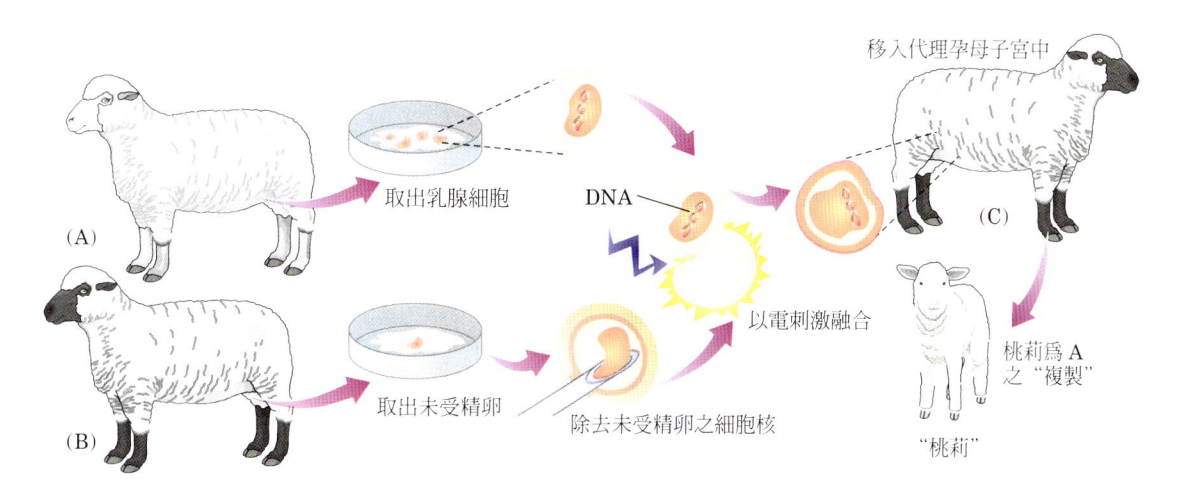

圖 6-40　複製羊－桃莉的操作過程

養基 (液) 中，使該細胞經生長、發育而成為完整的個體。此技術主要使用於植物，只要切下根或莖尖端的生長點組織加以培養，在短時間內即可獲得大量植株。例如一株百合在一年內便可利用組織培養的方法培育出十萬株幼苗，其他像康乃馨、蘭花、草莓、香蕉等許多作物都可以用此方法來大量生產。

除了植物以外，利用體細胞來培養高等動物一直是科學家的夢想，1997 年，英國洛斯林研究所 (Roslin Institute) 發表了「複製羊」桃莉，這隻小羊看起來和一般的羊沒什麼不同，可是桃莉並不是公羊和母羊交配的結晶，而是由單個細胞複製出來的！這個細胞取自一隻六歲母羊的乳房，因此桃莉可說是人類由成體動物的非生殖組織所製造出的第一隻哺乳動物，自然引起舉世矚目了。

該研究所的科學家利用一隻 6 歲成熟母羊的乳腺細胞與除去細胞核的另一隻綿羊的卵細胞結合，再將其移入第三隻母羊的子宮中。該融合卵即根據乳腺細胞的細胞核所攜帶的遺傳訊息而發育，最後誕生出「桃莉」。

這個研究的突破在於，以往認為高等動物分化後的成熟細胞已經喪失了形成一個完整個體的能力，而桃莉實驗改變了這個說法。由於桃莉是在該枚乳腺細胞的細胞核指令下發育而成，因此其遺傳特性和提供乳腺細胞那頭羊一模一樣，這就是所謂「複製」的含義。

生物科技的前景

和其他工業比較起來，生物科技的產業不會耗費大量能源及製造環境污染；且其使用的資源多半是生物及其產物，係再生而不虞匱乏的，不像煤、石油用過就沒有了。在投資成本方面，成立一個生物科技工廠的成本遠低於成立一所鋼鐵廠、石化廠。其較廉價的原料經生物科技處理後卻可大幅提高價值，可說是一種投資金額小而產品附加價值高的產業。台灣土地小、自然資源不足，但人才素質高，具有發展生物科技產業的條件，因此政府已將之列為輔導產業發展的重點項目。

然而，在積極發展這項新興產業時，我們也應該注意到技術層面以外的問題。例如在實驗室中培養的新菌種，若外洩到大自然是否會造成危害？又如在農場內栽培能抗蟲害的基因改造作物，可能造成蟲子沒有東西吃而死亡，接著鳥類也沒有蟲子吃，

食物鏈因而破壞。還有，隨著複製羊、複製牛…相繼成功，「複製人」的出現恐怕是遲早的事！今日的人類彷扮演上帝的角色來任意改造生命，最終是否會自嚐苦果呢？這些都是我們在發展生物科技時應該要深思熟慮的。

習 題

1. 材料可分為 (1)_____ (2)_____ (3)_____ (4)_____ (5)_____。
2. 高分子是由小而簡單的化學單位所組成，即所謂_____的小分子。
3. _____儼然成為高分子化學的奠基人。
4. 人體為了維持健康及生命所需的六大營養素為 (1)_____ (2)_____ (3)_____ (4)_____ (5)_____ (6)_____。
5. 蛋白質中胺基酸與胺基酸的鍵結為_____。
6. _____的研究確定維生素的存在。
7. 麥芽醣是_____醣類。(單、雙、多)
8. 敘述塑膠有那些熱塑性單體，並舉一個所製造的產品？
9. 敘述日常生活中你所使用的塑膠產品，其優點為何？又缺點是什麼？
10. 有那些是天然聚合物？那些是合成聚合物。
11. 利用一個科技產品，敘述此產品所使用的材料？
12. 舉例說明共聚塑膠，並敘述為何性質異於單一單體所形成之塑膠。
13. 那些是水溶性維生素，那些是脂溶性維生素？
14. 葉酸有那些功能？
15. 玻璃對下列何種色光之折射率最大？(1) 紅 (2) 紫 (3) 綠 (4) 以上三者皆同。
16. 可見光之波長數量級約為 (1) 10^{-6} (2) 10^{-10} (3) 10^8 (4) 10^{14} M。
17. 甲：可見光、乙：X光、丙：無線電波、丁：微波，以上四者波長最長者為 (1) 甲 (2) 乙 (3) 丙 (4) 丁。
18. 下列敘述何者正確 (1) 傍晚在西邊天上看到新月 (2) 黎明前在東邊天上看到新月 (3) 傍晚在東邊天上看到殘月 (4) 黎明前在西邊天上看到殘月。

19. 可見光的頻率範圍約為 (1) 10^{16} (2) 10^{14} (3) 10^{12} (4) 10^8 Hz。

20. 下列何種電磁波之頻率最高 (1) α射線 (2) β 射線 (3) 微波 (4) 紅色光。

21. 光在不同介質中行進，下列何種性質不會改變 (1) 光速 (2) 折射率 (3) 波長 (4) 頻率。

22. 光在真空中速度為 3×10^8 m/s，某無線電波頻率為 6×10^6 Hz，其波長為 (1) 1.8×10^{15} (2) 9×10^7 (3) 50 (4) 0.02 m。

23. 下列何者不是電磁波 (1) 紅外線 (2) 紫外線 (3) 聲波 (4) γ 射線。

24. 當發生月蝕時下列敘述何者正確 (1) 月蝕發生在農曆月初及月中 (2) 在地球上見到月球的影子 (3) 月蝕發生在農曆月初及月末 (4) 月球在地球的影子中。

25. 光在下列何種介質中速度最快？(1) 空氣 (2) 水 (3) 玻璃 (4) 鑽石。

26. 玻璃折射率 3/2 光在真空中速度為 C. 則光在玻璃中速度為 (1) C (2) 3/2 C (3) 2/3 C (4) 1/2 C。

27. 甲乙兩平面鏡互相垂直，某光線以入射角 30°射入甲鏡再反射至乙鏡則在乙鏡第二次反射之反射角度數為 (1) 30° (2) 45° (3) 60° (4) 90°。

28. 光線由甲介質射入乙介質，入射角 40°折射角 30°，則反射線與折射線之夾角為 (1) 80° (2) 90° (3) 100° (4) 110°。

29. 阿妹在平面鏡前要看到自己全身影像，所須平面鏡長度至少為身高幾倍？(1) 1/2 (2) 2/3 (3) 3/4 (4) 1 倍。

30. 光線由空氣進入水中 (1) 入射角＝折射角 (2) 入射角＞折射角 (3) 入射角＜折射角 (4) 以上皆非。

31. 阿亮以 1 m/s 之速度走向平面鏡，則阿亮和自己的影像以何種速度互相接近 (1) 1/2 (2) 1 (3) 2 (4) 4 m/s。

32. 同上題若阿亮不動而將平面鏡以 1 m/s 之速度移靠近阿亮，則阿亮和自己的影像以何種速度互相接近 (1) 1/2 (2) 1 (3) 2 (4) 4 m/s。

33. 入射光方向不變，將平面鏡之鏡面旋轉 θ 角，則反射光旋轉 (1) θ/2 (2) θ (3) 2θ (4) 4θ。

34. 當光入射角為臨界角 θc 時，折射角為 (1) 0° (2) 45° (3) θc (4) 90°。

35. 何時可能發生全反射？(1) 入射角＝全反射臨界角 (2) 入射角

＜全反射臨界角 (3) 光由空氣射入光纖中 (4) 入射角＞全反射臨界角。

36. 導線上某截面 50 秒內通過 20 庫倫電量則平均電流為何？
37. 2 度電相當多少焦耳電能？
38. 將導線均勻拉為 3 倍長則其電阻變為原來若干倍？
39. 車燈電位差 12 V 電阻 4 歐姆求通過此燈之電流？
40. 一導線中電流 I (1) 與時間 T (sec) 之函數關係為 $I=1+2T$ 則 $T=5$ sec 瞬時電流若干安培？
41. 若線路各分電阻相同則 3 個相同電阻串聯總電阻是 3 個相同電阻並聯總電阻之若干倍？
42. 兩帶電體相距 8 公分斥力為 12 牛頓，帶電量不變當斥力為 48 牛頓時相距多少公分？
43. 3A 之電流流經一 100 Ω 之電阻，所消耗之電功率為？Watt
44. 1 庫倫相當多少個電子帶電量，1 電子伏特等於多少焦耳。
45. 請扼要敍述「羊膜穿刺術」診斷遺傳疾病之原理。
46. 何謂「質體」(Plasmid)？人類如何利用質體進行基因重組？
47. 人類為何要研發「基因改造食物」？以第一種上市的「基因改造番茄」為例說明。
48. 在表 6-10 提供的避孕方法中，何者使用之原理為「抑制排卵」？敍述其優點及使用上的注意事項。
49. 「唐氏症」(Down's syndrome) 是什麼？與產婦的年齡間有何關連？

第七章

地球上的生物

　　我們居住的地球是一個到處充滿生命的美麗星球，目前被人類發現並命名的生物有一百五十萬種以上，並且還有許多生物未曾被人類發現。據估計，地球上生物的總數可能在一千萬種至一億種之間。

　　對於這麼多的生物，人類在研究，利用前必須先建立一套實用的分類系統──「必也正名乎」！否則，大家各行其是將徒增困擾。例如「麥」在英語稱「wheat」，在德語叫「Der weizen」，日本人則稱之「ムギ」。又如在美國，至少有十二種不同的甲蟲都叫做「June bug」。因此，生物的命名必須有一套明確而統一的系統。

7.1　生物的分類

　　目前國際通用的生物命名規則是十八世紀時瑞典學者林奈 (Carolus Linnaeus) 所初建的，每一種生物都有一個以拉丁文記述的學名，由屬名和種名兩個部分組成。例如，寬尾鳳蝶的學名是「*Agehana maroho*」，其中前面的 *Agehana* 即為屬名，首字母需大寫；後面的 *maroho* 為種名，一律小寫但兩者均使用斜體字。

　　「種」是分類的基本單位，所謂同種生物的定義是一群外表十分相似的生物，牠們在自然界中可以交配並產生可孕性的子代。反過來看，不同種的生物在自然狀態下不會交配，就算能交配產下子代並且健康生活，但卻不具生殖能力。例如，馬和驢是

不同種生物，兩者在野外環境不會交配，但在人為圈養時他們可以交配生下騾，不過，騾卻無法繁殖後代。

馬和驢雖然不是同種，但牠們仍有許多相似特徵，因此被歸納入同一個屬；同樣的，若干個屬又可以歸納成一個「科」，依此類推。生物分類的主要階層有七個，依序是界－門－綱－目－科－屬－種，每一種生物都有其固定的地位。

目前地球上的生物可以分為五個界，分別是原核生物界、原生生物界、真菌界、植物界及動物界，以下將依序介紹。我們首先要討論的是病毒，不過，它並不屬於以上五界的任何一界。

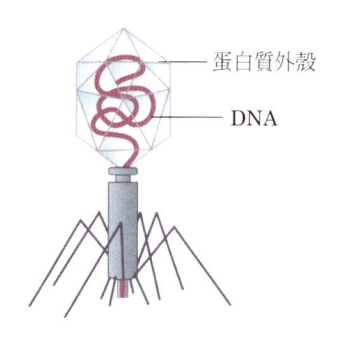

圖 7-1 病毒，圖為 T_4 噬菌體，具有 DNA 核心及蛋白質外殼

病毒 (virus) 是一種微小的顆粒，由一個蛋白質的外殼包裹著中心部的核酸 (DNA 或 RNA) 而成。就算是大形的病毒也只有 100 nm (1 nm＝10^{-9}m)，因此必須用電子顯微鏡才能觀察。

病毒的構造尚未達到細胞的層級，不能算是生物，它們本身並沒有生存及繁殖的能力，必須在活細胞內才能繁殖。當病毒感染細胞時，其核酸即接管了該細胞的代謝，由病毒的基因指示該細胞形成新病毒的各部分。一旦新病毒組裝完成，它們通常會突破細胞而出，再去感染其他的細胞。

病毒可引起許多疾病，如流行性感冒、腮腺炎、小兒麻痺、狂犬病、水痘、麻疹等，還和許多癌症有關。此外，令人聞之色變的愛滋病 (後天免疫不全症候群) 亦是由一種 HIV 病毒所引起，此病毒會破壞體內免疫系統的細胞而降低人體對感染的抵抗力。目前雖有藥物可以治療愛滋病，但仍無法痊癒。

7.2 原核生物界

包括細菌及藍綠菌，這些微小而不具細胞核的單細胞生物是

最古老的生物。它們繁殖快速，適應力強，能生存在一些極端的環境中，像南極的冰塊、黝黑的深海甚至滾燙的溫泉中都可以找到原核生物。

細菌 (bacteria) 十分微小，一般長 1－10 μm，寬 0.2－0.3 μm，在一個針頭上就可以附著幾千個細菌。在環境不適時某些細菌內會形成休眠性的內孢子，直到環境適宜再萌芽生長。有些細菌的內孢子能耐數小時的煮沸，也有的可耐數百年冰凍而仍保持活力。

大部分細菌為腐生，即從死亡的動植物遺骸中獲得營養，在食物鏈中扮演分解者的角色。如果沒有它們，地球上將會到處堆積著死屍！

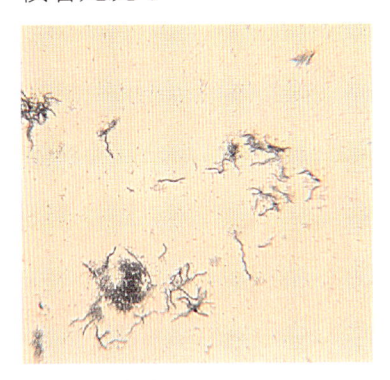

圖 7-2　細菌

有些細菌對其他生物有益，例如，豆科植物的根部共生著能進行固氮作用的根瘤菌，這些細菌能將空氣中大量存在，但植物卻無法吸收的氮 (N_2) 轉變成氨、硝酸鹽後供植物的根部吸收。此外，在人體的腸道中有些細菌可以為我們製造維生素 B_{12} 和 K；在牛、羊的胃中則有可以分解纖維素的細菌，因此這些動物可以吃草維生。

當然，我們也不會忘記，細菌是讓人生病的主因，如霍亂、傷寒、白喉、梅毒、淋病、肺炎、破傷風、食物中毒等。雖然細菌引起的疾病可以使用抗生素等藥物妥善治療，但在世界上許多地方卻因缺乏藥物及環境衛生不良，以致每年仍有許多人口死於細菌感染的疾病。

藍綠菌 (cynobacteria) 昔稱藍綠藻，見於土壤或水中，常在污染的湖、池中大量繁殖，使陽光難以穿透，最後藍綠菌亦因過度擁擠和陰暗而死亡，死亡的藍綠菌被細菌分解時又消耗大量氧

氣而使其他水中生物死亡。

藍綠菌亦扮演正面角色。它含有和高等植物相同的葉綠素a，可行光合作用；其釋放出的氧氣更在遠古時改變了大氣的結構，並且促進生物的演化。

7.3 原生生物界

原生生物為具有細胞核的單細胞生物，雖然用肉眼仍不易看見，但已經比細菌大。這些微小的生物生活在水中或潮濕的地方，有些種類像植物般可行光合作用，有些則如動物般運動和攝食，這個界中可說是包含了一群差異相當大的生物。

本界中較像動物的種類可以變形蟲、草履蟲、瘧原蟲為代表，牠們常被稱為「原生動物」。變形蟲是一種無固定形狀的生物，生活在水底或土壤中，有些會寄生在動植物體內甚而致病，像寄生於人體的赤痢病原蟲便會引起痢疾。

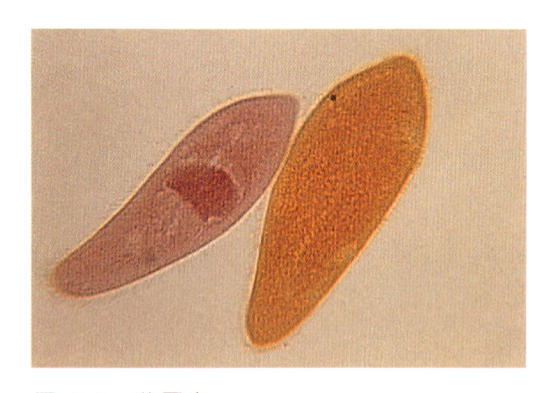

圖 7-3　草履蟲

圖 7-4　矽藻是水域生態系的重要生產者

草履蟲生活在池沼中，形如草鞋，長約 0.25 mm，肉眼勉強可見，在其體表密佈微細的纖毛，可在水中快速游泳並捕捉細菌為食。瘧原蟲是引起瘧疾的病原，當瘧蚊叮人時，瘧原蟲即由蚊體進入血液中，起先在肝中繁殖，然後再侵入紅血球內繁殖，當許多紅血球同時破裂時患者便有惡寒，繼之發熱的症狀出現。

原生生物界也有許多較像植物的種類，今以矽藻及甲藻為例。矽藻大量存在於淡水或海水中，可行光合作用，是水域生態系的重要生產者，也是水中動物的食物來源。在矽藻的細胞外有

一層矽質的外殼,當矽藻死亡以後,這個殼便會沉降到海底,經年累月堆積而形成為厚厚的一層「矽藻土」,人們挖取後做為過濾、金屬擦亮劑及製造牙膏的原料。

甲藻亦稱渦鞭藻,具有兩條鞭毛,可自由游動,和矽藻一樣是水中浮游生物的重要分子。甲藻常呈紅色,當其在海水中大量繁生時往往將海水染為紅色或棕色而形成「紅潮」。這些甲藻通常有毒,結果會造成魚蝦等水中生物大量死亡。

最後,在原生生物界中還有值得一提的裸藻,今以池水中常見的眼蟲為代表。眼蟲大多生活在淡水中,具有葉綠素可以行光合作用;牠亦具有一根長長的鞭毛,可以擺動著游泳;還具有「眼點」,可以感光而移動到有光的地方。這些既像動物又像植物的特性使牠成為謎樣的生物。

7.4 真菌界

真菌既不是動物也不是植物,包括黴菌、酵母菌、蕈類等。雖然形態多變,但真菌具有以下共同特徵:

1. 不含葉綠素,無法行光合作用,必須由其它生物的活體或屍體獲得養分。
2. 除少數種類 (如酵母菌) 為單細胞,其他真菌均具有菌絲 (hyphae)。菌絲呈纖細的絲狀,常集合而成明顯易見的菌絲體 (mycelium)。

真菌喜歡陰暗潮濕的環境,只要有有機物存在,牠們便能生長。行腐生的真菌生長在動植物屍體上,由菌絲分泌酵素將遺骸分解之後再吸收其養分,因此這些真菌和細菌一樣,在食物鏈中扮演分解者的角色。

有些真菌行寄生,生活在動植物的身體表面或體內,往往會引起疾病。如人類的香港腳、金錢癬;馬鈴薯的晚枯病、玉米的黑穗病都是真菌引起的。還有些真菌會和其它生物共生,如地衣 (lichen) 便是好例子。地衣是真菌和綠藻或藍綠菌的共生體,其中綠藻或藍綠菌可以行光合作用提供食物給真菌,真菌則以其菌絲來庇護其共生者,隔絕強光、乾旱並協助其吸收水分及礦物質。

許多種地衣只能生長在空氣清淨的地方,一旦空氣中有污染

物如二氧化硫 (SO_2)、一氧化氮 (NO)，它們便會死亡，因此，地衣可以當作空氣污染的指標。

圖 7-5　蕈類在森林中的地表，腐木上常可見到

圖 7-6　地衣

　　許多真菌也為人類利用，例如，酵母菌可以將糖轉化為二氧化碳和酒精，因此可用來烘培麵包及釀酒。此外，紅麴早就被中國人用來製作紅糟肉及製酒，近年來更發現其可降低膽固醇而成為健康食品。

　　真菌亦具有醫藥價值。青黴菌 (Penicillium sp.) 可提煉具殺菌作用的抗生素——青黴素，拯救了成千上萬的性命。著名的中藥材「冬蟲夏草」則是冬天時真菌寄生蝙蝠蛾的幼蟲體內，吸收蟲體物質做為養分，到了夏天，菌絲長成一根棍狀物伸出蟲體，好像發芽的小草，故稱為冬蟲夏草。

　　真菌中的蕈類早已成為人們的佳餚，如法國的松露、日本的松茸、國人常食用的香菇、草菇、金針菇、木耳等。值得注意的是，許多野生的菇蕈有毒，甚至能致人於死，因此在野外看見不熟悉的菇蕈不可隨意採食。

7.5　植物界

　　地表上最普遍的景觀是什麼？除了極冷的地方，地球上只要有光線，有水就有植物的生長，有水就有植物生長，本節將介紹各類植物，由原始到高等，從水生植物到陸地上的大樹。

綠　藻

　　綠藻大多呈草綠色，但其大小、形態多變，有單細胞的，也有多細胞的絲狀、片狀或管狀者。水綿就是最普遍的浮游性絲狀

綠藻，在池塘、水族箱甚至乏人照料的泳池均可見到。在海邊岩石上常見的石蓴則是一種固著生活的片狀綠藻。

圖 7-7　綠藻及其他海藻著生在北海岸的礁岩上　　圖 7-8　褐藻

褐　藻

　　褐藻是體型最大的海藻，有些種類可以長達六十公尺，有如一株海中大樹般。最為人熟知的褐藻是海帶 (昆布) 及馬尾藻，在臺灣海域中的最大型藻類即為馬尾藻的一種。

　　許多褐藻被人們採收做為食物、肥料或飼料。此外，在褐藻的細胞壁具有藻酸或藻膠而使其觸摸時有黏滑感。藻膠經提取後有很高的經濟價值，可添加在冰淇淋、乳酪中，使其具有穩定爽口的稠度。

紅　藻

　　紅藻的體內除葉綠素外尚具有藻紅素、藻藍素而使其顏色多變，從玫瑰紅、暗藍色、褐色甚至黑色都有。由於藻紅素可以吸收穿透至深海的微光而幫助紅藻進行光合作用，因此，紅藻能生存在比其他藻類更深的地方。

　　有些紅藻具有經濟價值，例如可供食用的紫菜、石花菜，民間用來驅除兒童蛔蟲的鷓鴣菜及在食品、醫學上用途廣泛的洋菜 (瓊脂) 均屬紅藻產品。

苔　蘚

　　苔蘚是最簡單的陸生植物，生長在岩石、樹幹、牆壁或潮濕的土壤上，常形成小叢或墊狀。

大多數苔蘚都生活在潮濕的地方，臺灣雨量豐富，平時不難在牆角邊或溝渠旁看見此類植物；在溼度特別高的中海拔山區，苔蘚更是大量繁生，往往密密的覆蓋住地面及岩石，有如綠色的幻境般，景緻幽靜而獨特。

圖 7-9　苔類，左圖特寫可見頂端之孢子囊

　　泥炭蘚 (*Sphagnum* sp.) 分布在北半球的沼澤地或溼地，是苔蘚植物中最富經濟價值的。在園藝店中販售的「水苔」便是乾燥的泥炭蘚，具有吸水性佳、不易腐爛的優點，在搬運花木時可用來包捆根部以防壓損及保持溼潤，也可以加入土壤中以增加保水力和酸度。

蕨　類

　　走在山間的林蔭小徑上，經常可以看見路旁叢生著翠綠優

圖 7-10　蕨類

雅,如羽片般搖曳生姿的植物,它們便是蕨類。在野外辨識蕨類可參考以下兩項特徵。(1) 幼葉呈卷旋狀。(2) 在葉片背面或邊緣常可看到如蟲卵般排列整齊的孢子囊群。

蕨類通常生長在陰涼潮濕的地方,臺灣的氣候適合這類植物,已經發現的蕨類有六百多種,也有一些為人類所利用,如鳳尾草是青草茶的原料;過溝菜蕨、山蘇花則成為餐桌上的佳餚。另外值得一提的是筆筒樹 (俗稱蛇木),這是一種巨型的樹蕨類,可高達十公尺,在低海拔森林中極為常見,人們取其黑褐色細條狀的氣根可製成種花用的蛇木板、蛇木盆。

圖 7-11　左:筆筒樹是巨型樹蕨高可達數公尺。右:蕨類的幼葉

裸子植物

裸子植物以針葉樹 (Conifers)、蘇鐵 (Cycads) 及銀杏 (Ginkgo) 為代表。針葉樹如松、冷杉、雲杉、圓柏等,它們的葉呈針狀或鱗狀,能抵禦寒冷及強風,因此在溫帶、寒帶及熱帶高山上形成大面積的森林。

有些針葉樹可以長得高大又長壽,如美國加州的長葉世界爺 (*Sequoia sempervirens*) 身高超過一百公尺;臺灣山區的紅檜活到兩、三千歲依舊枝繁葉茂,像溪頭、拉拉山、大雪山的「神木」多為紅檜。

蘇鐵亦名鐵樹,其莖常為柱狀,頂端叢生大型羽狀複葉。這類植物全盛於二億年前,曾經是恐龍的重要食物。如今蘇鐵在全世界僅有一百多種,且多分佈在熱帶和亞熱帶,臺灣東部海岸山

脈鹿野溪一帶峭壁上生長的台東蘇鐵 (*Cycas taiwaniana*)，是臺灣唯一原生蘇鐵類，也是法定保育的珍貴植物。

銀杏在遠古曾經盛極一時，現在全世界僅剩一種，原產於中國，但已廣泛在世界各地栽培。臺灣的平地不適合銀杏生長，在山區有零星栽植，像南投的溪頭就有一片銀杏林，秋天時，樹上優雅的扇形葉片紛紛變黃飄落，景緻優美。

臺灣原生的裸子植物有二十八種，除前述的臺東蘇鐵外其餘均為針葉樹類。在臺灣的高海拔山區目前還保存有良好的針葉樹林，例如 1800－3000 公尺間的鐵杉林，2800－3500 公尺間的冷杉林，此等林木由於交通不便，經濟價值較低而逃過砍伐的噩運，如今這些位於高山上河川源頭的森林不但庇護了眾多的野生動植物，更具有國土保安、涵養水源的重要功能。

圖 7-12　裸子植物。
(a)：紅檜，
(b)：銀杏，
(c)：蘇鐵。

被子植物

被子植物又稱開花植物，是今日地球上種類最多、最成功的植物，其最大特徵是產生花和果實。花常以鮮艷的色彩或香味以引昆蟲前來為其傳播花粉；受精後即產生種子及果實，果實常特化以便幫助種子散佈，如櫻桃的果實被鳥類吞食後，種子隨糞便排出。

比起裸子植物可提供木材、造紙、藥物等用途，被子植物顯然與人類關係更為密切。全世界人口每天吃的小麥、水稻、玉米、馬鈴薯等主食及各類蔬菜、水果均屬被子植物。亞麻、棉花提供植物纖維製作布料；胡椒、肉桂、丁香為著名的香料；飲料咖啡來自咖啡豆，茶葉來自茶樹。植物還可提煉食用油、香水及藥物，例如，日常食用烹調的橄欖油、花生油、沙拉油均為植物油；治療瘧疾的藥物「奎寧」是從金雞納樹取得的。

圖 7-13　花、果實是被子植物最顯著的特徵

臺灣因地形氣候複雜，被子植物有三千四百種之多，堪稱綠色的寶庫。例如，我們在恆春半島可以看到棋盤腳、欖仁、白榕等典型的熱帶植物。離開平地向山上走，到了海拔一、兩千公尺的山區已屬於溫帶氣候，許多落葉植物如山漆、青楓、臺灣紅榨槭在秋天紛紛變色，或紅或黃點綴在林間，洋溢著北國風情。

到了海拔三千公尺以上的高山地區，氣候寒冷，冬季更是經常冰封雪擁，因此許多分佈在中高緯度甚至極地的植物也出現在臺灣的高山之巔，如玉山薄雪草、高山沙參、尼泊爾籟蕭等。這些植物往往利用高山上短暫的夏季綻放出各色花朵，將寂冷的高山點綴的生機盎然，也印證了臺灣植物資源的豐富多樣。

7.6　動物界

動物算是我們最熟悉的生物了，從我們自己——人類，到家裏養的貓、狗或令人生厭的蚊、蠅都是動物界的成員。目前在動物界中已命名的有一百萬種以上，但在世界上各個角落還有許多動物尚未被人類所發現。動物可概分為兩大類：無脊椎動物 (invertebrates) 與脊椎動物 (vertebrates)，前者佔了動物界的 95% 以上，而我們人類所屬的脊椎動物只佔區區的百分之五。

無脊椎動物：無脊椎動物被分為三十幾個「門」，有些是我們很熟悉的動物，有些卻難得一見，以下扼要介紹較具代表性幾個門。

海綿動物

為海邊常見的動物，自潮間帶至深海皆可發現，附著在岩石，珊瑚礁或動物的硬殼上，由於不會移動，因此海綿在以前均被誤認為植物。

海綿的身體構造十分簡單，海水會由體壁的入水孔流入中央的空腔，再由頂端的出水口流出，海綿即由水流中濾取浮游生物及有機質為食，並獲得呼吸所需的氧氣。

海綿體內具有針骨及海綿絲兩種骨骼，以前人沐浴用的海綿即是取用海綿動物的海綿絲。海綿的另一特性是具有驚人的再生力，若將之切成許多碎片，每個碎片都可以長成一個新的海綿。

腔腸動物

亦名刺胞動物，也是構造簡單的水生動物，大多生活在海洋中。其身體中央為一空腔，頂端有口，口的外圍有多隻觸手，內有刺細胞 (nematocyst)，可射出有毒的刺針麻痺獵物，再由觸手捕捉送入口中。

水母是常見的腔腸動物，夏季在海邊活動便有機會遇到，人若被其螫到會引起出疹般的過敏反應，有些毒性強的種類甚至會致人於死！海葵、珊瑚亦屬腔腸動物，在海洋中或大型水族館均可看到。海葵行單體生活，常附著在岩石上或挖洞將自己埋在泥沙中，有許多小動物會和海葵產生密切的共生，如小丑魚、蝦、蟹，形成海洋中的有趣畫面。珊瑚多行群體生活，種類很多，其中的石珊瑚類 (又稱造礁珊瑚) 由數以億萬計個體聚居在一起，分泌出的碳酸鈣質外骨骼便形成了珊瑚礁。珊瑚礁僅分佈在熱帶、亞熱帶的清澈淺海，物種繁多，是海洋中最富饒的生態系，有「海中熱帶雨林」之稱。

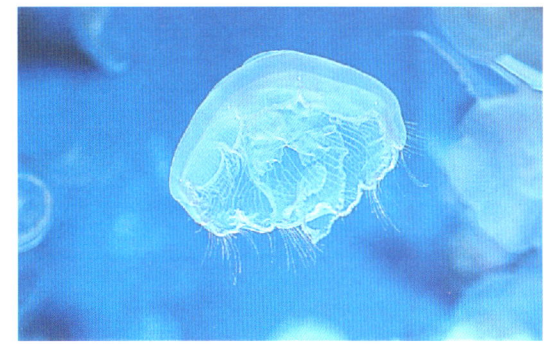

圖 7-14　腔腸動物。左：珊瑚，右：水母

扁形動物

　　此類生物的體型扁平而得名。扁形動物可分為三類，其中渦蟲綱為自由生活，吸蟲綱和條蟲綱則為寄生，有許多是惡名昭彰的寄生蟲。

　　渦蟲生活在淡水，海水或溼土中，頭部有二個可以感光的眼點，口位於身體腹面中央。渦蟲具有很強的再生力，其身體可自行斷裂為多段，每段均可再生為完整的個體。

　　吸蟲皆為寄生，其受精卵隨寄主的糞便、尿液排出，經中間寄主後再返回人體。例如寄生在膽管的華肝吸蟲，其幼蟲是以淡水魚、螺類為中間寄主；寄生在肺部的肺吸蟲，其中間寄主則是淡水蟹及螺類，因此人若食入含有這些寄生蟲的幼蟲之水產便會被感染。

　　條蟲寄生在脊椎動物（包括人）的腸道內。無鉤條蟲寄生在人類小腸，其頭結上有四個吸盤；另一種有鉤條蟲除吸盤外尚有許多小鉤，兩者均為大型寄生蟲，體長可達數公尺！無鉤條蟲之中間寄主為牛，有鉤條蟲之中間寄主為豬，人若食入含有幼蟲又未煮

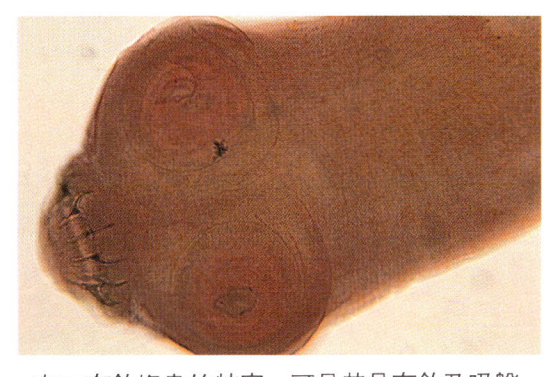

圖 7-15　左：海葵與小丑魚。右：有鉤條蟲的特寫，可見其具有鉤及吸盤

熟的牛肉或豬肉即遭感染。

線形動物

常被稱為「線蟲」或「圓蟲」，其身體呈細長的圓筒形，生活在淡水、海水、土壤等各種環境中，有些則寄生在動、植物體內。

蛔蟲、鉤蟲、血絲蟲、蟯蟲都是寄生於人體的線蟲。以蛔蟲為例，寄生在小腸中，可長達 40 公分，其受精卵隨糞便排至外界，附於飲水中或蔬菜上被食入。人體若有蛔蟲寄生會導致面黃肌瘦、營養不良，蟲體多時還會堵塞腸道引起腹痛。此外，其幼蟲會在肺中停留，因而也會對肺的組織造成很大的傷害。

軟體動物

主要有腹足綱，如蝸牛、蛞蝓。雙殼綱，如蛤、蚌、牡蠣。頭足綱，如烏賊、章魚。除蝸牛等少數外，大多生活在水中。

軟體動物通常有殼，這個殼是由身體中一個稱做外套膜的構造所分泌的，自古受人喜愛的珍珠即是有砂粒等異物掉進「珠貝」的殼內，外套膜受刺激逐分泌珍珠質將異物層層包裹，久之便形成珍珠。

圖 7-16　軟體動物。左：硨渠貝，右：鸚鵡螺

軟體動物和人類關係密切，寶螺曾被人們當作貨幣，今日仍有許多人熱衷於收藏美麗的貝類。許多淡水或海產的軟體動物是餐桌上的佳餚，如田螺、牡蠣、鮑魚、烏賊、魷魚。不過，也有些軟體動物對人類並不友善，如蝸牛、福壽螺啃食植物的莖葉，危害農作物；有些淡水螺為吸蟲的中間寄主，為害人體健康。

環節動物

　　蚯蚓和水蛭是代表。蚯蚓生活在潮濕的土壤中，以土中的有機質、蟲卵或其他小動物為食，並將糞便排出地面。由於蚯蚓終日在土壤中鑽行，可以使土壤變鬆，增加土中的空氣、改善排水而利於植物的生長。其排出的糞土中亦含有未消化的食物，能使土壤變得更肥沃。

　　水蛭俗稱螞蝗，生活在淡水或潮濕的地方，大多以脊椎動物血液為食，其唾液中含有水蛭素，可以阻止血液凝固，使傷口的血液源源流出，現在人類已將水蛭素分離出用於醫療，可作為稀釋血液，防止凝塊的抗凝血劑。水蛭的活體也被用於醫療，「醫用水蛭」長約 10 公分，吸血一次可達其體重的 2－5 倍，在昔時及今日皆被用來為患者放血以治療疾病。

圖 7-17 節肢動物。左：蜘蛛，右：寄居蟹

節肢動物

　　是動物界中種類最多的一門，已經定名的動物有 80% 屬於節肢動物。主要的綱有甲殼綱，如蝦、蟹。蛛形綱，如蜘蛛、蠍子。倍足綱，如馬陸。唇足綱，如蜈蚣；以及無所不在的昆蟲綱，如蚊、蠅、蟑螂、螞蟻、蝴蝶、蜻蜓、瓢蟲等。

　　節肢動物的體表具有外骨骼，其質地堅韌並可防止水分散失，這是牠們適應陸地生活的重要因素。不過，外骨骼並不能隨著身體成長而生長，因此節肢動物均須定期將外骨骼脫去，此過程稱為蛻皮 (molting)。以菜園中常見的紋白蝶為例，其幼蟲在成長過程中必需蛻皮四次才能成熟化蛹。

141

節肢動物種類多，數量龐大，和人類自然關係密切，例如蝦、蟹可供食用，家蠶能產絲，蜜蜂可釀蜜等。此外，昆蟲替植物傳播花粉，對維持健康的生態系統極為重要，也間接助益人類，例如使果樹能順利結果。

　　對人類不利的節肢動物也不少，如蜈蚣、蠍子、蜘蛛叮咬人類造成中毒，有些還能致人於死；許多昆蟲則會危害農作物並傳染疾病。

棘皮動物

　　包括海星、海膽、海參、陽燧足、海百合等，全部生活在海洋中。

　　棘皮動物多棲於海底，利用許多柔軟而細小的管足緩緩爬行。以海星為例，常見的有五隻腕，呈星形，故名海星。牠在白晝時躲藏在海藻或石縫中，到夜間出來捕捉牡蠣等雙殼綱動物為食。當海星捉住獵物時，會以管足的吸盤吸附其兩殼將之硬生生的拉開，然後海星會將自己的胃由口中翻出，伸入拉開的殼縫中將食物消化後再吸收。

　　海膽沒有腕而披滿一身棘刺，看來有些可怕，不過牠們只是靜靜的在海底啃食藻類或取食有機質碎屑。有些海膽的生殖腺被人們視為美食，如臺灣沿海的紫海膽、馬糞海膽，原本十分常見，現在因為被大量採集而急遽減少。海參的身體呈圓柱型，柔軟而易彎曲，棲習在海床上，從泥沙中濾取食物，故有「海中蚯蚓」之稱。許多海參可供食用，是國人筵席上的珍饈，具有經濟價值。

　　棘皮動物在臺灣沿海的岩岸與珊瑚礁十分常見，例如，恆春半島的萬里桐海濱便可觀察到數量極多的海參、陽燧足，是有趣

圖 7-18　棘皮動物。左：海膽，右：海參

的生態景緻。

脊椎動物：談過許多在一般人觀念中較為「低等」的無脊椎動物，現在來看看我們人類，以及熟悉的貓、狗、鳥、魚所屬的脊椎動物。

魚　類

　　魚是最早出現的脊椎動物，生活在水中，靠鰓呼吸。目前已知的魚類有二萬四千種，佔所有脊椎動物的一半以上，而每年仍有二、三百個新種被發表。現生的魚類可以分為無顎魚、軟骨魚及硬骨魚。

　　無顎魚是最原始的魚類，在五億年前即已出現，其皮膚光滑無鱗，由於沒有顎部，無法咀嚼，故皆為寄生或食腐者，現生者有八目鰻和盲鰻。八目鰻分佈於溫寒帶的海洋湖泊，臺灣不產，其眼後方有七對鰓裂，乍看之下似有八個眼睛，因而得名。盲鰻為海生，在臺灣四周海域可見，牠常潛伏在海底泥沙中，鑽入死魚體內食其肉。

　　軟骨魚包括鯊、魟、鱝及銀鮫等，大多生活在海洋中，其骨骼係由堅固而易彎的軟骨所構成。一提到鯊魚，人們的腦海中常浮現那滿口利牙的海中惡魔形象。其實，全世界三百種以上鯊魚中，會攻擊人的約只有二十七種，有些鯊魚甚至相當溫馴，如鯨鯊（豆腐鯊）是世上最大的魚類，可長達十八公尺，但牠以濾食浮游生物為生，對人類毫無威脅。相較之下，人類每年在世界各地捕鯊超過數千萬條，鯊魚的鰭被割下做成魚翅；皮，肉皆可食用，肝可製油，連骨頭和內臟都可打碎為骨粉製成飼料。

圖 7-19　軟骨魚。左：鯊，右：魟。

硬骨魚佔所有魚類的百分之九十五，種類繁多，生活在所有水域，由淡水到海洋，從冰冷的極區到沙漠中 40°C 的溫泉裏都有硬骨魚的身影。

硬骨魚分為條鰭魚 (ray-finned fish) 及肉鰭魚 (fleshy-finned fish) 二類。條鰭魚是現今最昌盛的魚類，也是吾人最熟悉者，日常的食用或觀賞魚多屬此類，如鯉魚、鮭魚、金魚、蝶魚等。

圖 7-20　硬骨魚是今日最為昌盛的魚類

圖 7-21　非洲肺魚有肺可以直接呼吸空氣

肉鰭魚的現生種不多，又分肺魚及總鰭魚兩類。肺魚僅有三屬，分別見於澳洲、非洲及南美，牠們的鰾特化為肺，因此除了在水中靠鰓呼吸外，也可以用肺直接呼吸空氣。總鰭魚則是陸生脊椎動物的祖先，古代生活於淡水中的總鰭魚，當河水或池水乾涸時，牠們為了尋找水源便用鰭爬上陸地，從一個池塘爬行到另一個池塘，於是其偶鰭便逐漸演化成兩生類的四肢。

臺灣四面環海，島上溪潭眾多，因此魚類資源十分豐富。可惜近年由於經濟開發、環境污染、外來種引入等諸多因素而使許多魚類面臨生存危機甚至滅絕。以淡水魚為例，北部新店溪早年盛產香魚，但因過度捕撈及水質污染而使得原生種香魚早已絕跡。櫻花鈎吻鮭僅見於大甲溪上游的七家灣溪，是冰河時期的孑遺物種，有「國寶魚」之稱。在以往，櫻花鈎吻鮭不但廣泛分佈於大甲溪上游的許多支流，數量也相當多，但現今卻僅剩數百條左右，必須靠人類的保育才能維持一線生機。

兩生類

兩生類是最早至陸地生活的脊椎動物，約在四億至三億六千

萬年前由總鰭魚演變而來。現今的兩生類有蛙、蟾蜍、蠑螈、水螈及蚓螈等。

兩生類雖然在陸地生活，然而在陸生的適應上仍有若干缺失。例如，其皮膚無法防止體內水分散失，因此必須生活在水邊；肺的構造還很簡單，無法供應全身所需氧氣，所以要靠潮濕的皮膚來幫助呼吸。此外，兩生類行體外受精，卵無殼，多產在水中。因此，兩生類可說是脊椎動物由水生向陸生的過渡階段。

圖 7-22 兩生類。左：中華大鯢 (娃娃魚)，右：蛙

蛙及蟾蜍皆無尾，四肢長而擅於跳躍，利用具有粘性的長舌頭來捕食昆蟲，由於兩生類的天敵眾多，因此許多種類都有毒以自衛。如蟾蜍的皮膚粗糙而長滿了疣，具有毒腺；南美洲的「毒箭蛙」皮膚能分泌致命毒素，當地原住民便將此種毒素塗抹在箭頭上作為狩獵之用。

蠑螈和水螈則是有尾的兩生類，牠們的身軀修長，四肢短，並有一條長尾巴。在臺灣中高海拔山區的潮濕溪澗中亦可見蠑螈，例如「臺灣山椒魚」，牠是冰河時期遺留下來的生物，稀有而珍貴。此外，在中國大陸一些山區清澈溪流中有「中華大鯢」，即俗稱的娃娃魚，其體長可達一點五公尺，是最大的兩生類。

臺灣共有兩生類三十多種，包括三十一種蛙及三種山椒魚。值得一提的是，有些種類是近年來才被我國學者發現並命名的，如諸羅樹蛙、橙腹樹蛙。

爬蟲類

爬蟲類約在三億四千萬年前由兩生類演變而來，然後蓬勃發

展並且曾經稱霸地球一億多年之久。那時在水中有魚龍,在空中有翼龍,在陸地上更有眾多種類的恐龍,不過,到了六千五百萬年前,這些大爬蟲卻突然銷聲匿跡,僅有一些小型種類繼續綿延繁衍,現今的爬蟲類有蛇、蜥蜴、龜、鱷魚等

比起兩生類來,爬蟲類可以算是「真正」的陸生動物了,因為其皮膚堅韌且具有防止水分散失的鱗片或骨板;肺的構造也有改善,其分隔增多,出現肺泡,使呼吸面積大為增加。此外,生殖的方式也有明顯的改進,爬蟲類行體內受精,雄性的精子經交配而進入雌性體內;卵有殼,可產在陸地上而不虞乾枯。不過,爬蟲類仍屬於變溫動物,其體溫會隨著環境而改變。在氣溫高時,其體溫升高而能靈活運動;當溫度下降時,體溫亦隨之降低,活動變得遲緩。

圖 7-23　爬蟲類。左:海龜,右:蜥蜴

臺灣地區有 90 多種爬蟲類,包括蜥蜴 31 種,蛇 57 種 (含 7 種海蛇) 及龜鱉 11 種 (含 5 種海龜),但不產鱷魚及鱷蜥。常見的爬蟲類以蜥蜴類較多,如壁虎、石龍子、攀木蜥蜴等,但有些種類卻因人類過度捕捉或棲息環境被破壞而瀕臨絕種,如百步蛇、綠蠵龜、玳瑁。

鳥　類

鳥類及哺乳類屬於恆溫動物,可以維持穩定的體溫,這樣就大大的增加了對環境的適應力,也開拓了更廣闊的生活範圍。1861 年,在德國巴伐利亞地區的石灰岩礦場中發現了「始祖鳥」的化石,這副化石形成於一億四千萬年前,其體形大小如烏鴉,在翼和尾部可以清晰看到羽毛的痕跡,但其口內有齒、尾長而分

節、在翼的先端有三個帶爪的指，充分顯示了始祖鳥仍保留其祖先的特徵。

　　為了適應空中的生活，鳥的身體趨向於增進飛翔能力與減輕體重的方向發展。例如身體呈流線形；與飛翔有關的胸肌特別發達。在克服地心引力方面，鳥的骨骼輕而堅固；牙齒、膀胱、大腸退化，肺部延伸許多氣囊，這些都有助於減輕其體重而利於飛翔。

　　目前全世界有八千多種鳥，其中也有不會飛的，像非洲的鴕鳥，南極的企鵝。臺灣的鳥類資源十分豐富，約有五百五十種，像城市裏常見的麻雀、白頭翁是大家熟悉的鳥類，至於每年到曾文溪口度冬的黑面琵鷺及生活在深山中的帝雉、藍腹鷴則是舉世聞名的珍禽。

圖 7-24　鳥類。左：金剛鸚鵡，右：海鷗

哺乳類

　　哺乳類最明顯的特徵就是雌性有乳腺，能分泌乳汁哺育幼兒。現今的哺乳動物棲息在各種環境中，形態、習性各異，有重僅幾公克，可以放在指端的蝙蝠，也有長達 33 公尺，重達 120 公噸的藍鯨。

　　哺乳動物可分為單孔類、有袋類及胎盤類。

　　單孔類為卵生的哺乳動物，現今僅有三種：澳洲的鴨嘴獸、短吻針鼴及新幾內亞的長吻針鼴，其中短吻針鼴亦見於新幾內亞。以鴨嘴獸為例，雄獸全長約 55 公分，其身上密佈細毛，有一張寬扁的嘴，前腳有蹼，可以在水中靈活游動並捕食蝦子等小

動物。繁殖時，牠們會在河邊挖洞築巢，雌獸一次產下二個軟殼的卵，幼獸孵化後便以乳汁哺育。

圖 7-25　哺乳類。(a)：鴨嘴獸 (單孔類)，(b)：無尾熊 (有袋類)，(c)：金獅狨 (胎盤類)

　　有袋類為胎生，但其妊娠期短，胚胎僅在子宮內停留數周即產出。例如，袋鼠在剛出生時除了口及前肢外其餘部分都尚未發育，必須爬入母體腹下的育兒袋中，附著到乳頭上吸取乳汁，再經數月後才能發育完成。

　　有袋類約有 270 種，大多見於澳洲，如袋鼠、無尾熊、袋熊、袋獾、負鼠等，另有一些種類分佈於美洲及新幾內亞。在古代，有袋類可能廣佈於世界各地，但後來胎盤類興起，有袋類無法與其匹敵而消失。澳洲因為在胎盤類抵達前即已與其他大陸隔離，因此有袋類能繁榮發展至今，也使得澳洲擁有許多不同於其他大陸的珍奇動物。

胎盤類為最高等的哺乳動物，胎盤為富含血管的海綿狀構造，是胎兒和母體子宮間的溝通橋樑，胎兒可經由胎盤自母體獲得氧氣和營養，並排出代謝廢物，直到發育完成後才產出。

　　胎盤類約有 3750 種，佔所有哺乳動物的九成以上。臺灣地區有陸生哺乳動物七十餘種，皆屬胎盤類。例如，靈長目的臺灣獼猴，鱗甲目的穿山甲，兔形目的臺灣野兔，偶蹄目的山羌、水鹿、長鬃山羊、梅花鹿。肉食動物有食肉目的臺灣黑熊、雲豹、華南鼬鼠、黃喉貂、水獺等。其他還有嚙齒目的鼠類，松鼠、鼯鼠；翼手目的蝙蝠等，在臺灣這個面積不大的島嶼而言，哺乳動物可算是十分豐富了。

習　題

1. 下列人類學名的寫法何者是正確的？(1) *Homo sapiens* (2) *Homo Sapiens* (3) *homo sapiens* (4) *homo Sapiens*
2. 關於病毒的敘述，何者正確 (1) 有細胞壁但無細胞核 (2) 其遺傳物質為蛋白質 (3) 不能獨立進行代謝繁殖 (4) 香港腳即由病毒感染引起。
3. 下列哪項不是真菌的特徵 (1) 具有細胞壁 (2) 可行光合作用 (3) 多具有菌絲 (4) 以孢子繁衍。
4. 下列哪種為食用性的紅藻 (1) 馬尾藻 (2) 紫菜 (3) 昆布 (海帶) (4) 水綿。
5. 關於腔腸動物的敘述，何者正確？(1) 具有刺細胞為其特徵 (2) 口周圍有許多觸手，可以捕捉食物送入口中 (3) 大多生活在海洋中 (4) 渦蟲，蛔蟲均屬腔腸動物。
6. 下列何者不是節肢動物門的成員？(1) 水蛭 (2) 蜈蚣 (3) 蠍子 (4) 蜘蛛。
7. 棘皮動物中，何者有海中蚯蚓之稱？(1) 海星 (2) 海參 (3) 海膽 (4) 海百合。
8. 下列何者不是魚類？(1) 鯊魚 (2) 肺魚 (3) 娃娃魚 (4) 腔棘魚。
9. 下列何者不是爬蟲類的特徵？(1) 為恆溫動物 (2) 體表有鱗片或骨板 (3) 行體內受精 (4) 產下有殼的卵。
10. 細菌對人體及其他生物有什麼益處？請舉例說明之。
11. 眼蟲為什麼被認為是兼具動、植物特徵的生物？

12. 試舉數例來說明真菌在食品及醫藥上的用途。
13. 作為植物傳宗接代的工具,「種子」比「孢子」具有哪些優點?
14. 無脊椎動物中哪二門常是惡名昭彰的「寄生蟲」?各舉二個例子。
15. 說明蚯蚓這種生活在地底的小動物對自然生態有何貢獻。
16. 兩生類在陸地生活的適應上有哪些缺失?
17. 鳥類身體構造有哪些適應飛行的特徵?試舉數例說明。
18. 胎盤類為最高等的哺乳動物,請就生殖方式來說明其較有袋類、單孔類為優勢處。

第八章

環境保護與自然保育

　　地球是生命的搖籃，歷經四十六億年的演進，已從混沌的星雲，到現在創造一個五光十色、奧妙無窮的世界。到目前為止還沒有第二個星球適合人類居住，所以如何保護這個家園，攸關人類的存亡絕續。

　　環境是指對地球上任何動植物的生育和生存能產生影響的各種外在因子 (factors) 的總稱。為了維持生命，生物必須從環境中取得物質和能量。而質量和能量不滅定律告訴我們，人類不能製造或消滅質和能。但物質和能量可互相轉變。有些資源可透過自然程序繼續不斷地補充，這種資源稱為可再生資源 (renewable resources)。例如林木、淡水和空氣。即使資源尚未枯竭，而只是在品質上發生變化，也可能威脅生物的生存或活動。當空氣、水、和土壤的物理、化學、和生物特性發生變化的程度足以危害生物的健康、生存或活動時就構成污染 (pollution)。

圖 8-1　各種不同類型垃圾所帶來的環境污染

　　可再生資源必須適度地使用，並且經常加以保護和改進，才

能保持其可再生的能力，這叫做資源保育。破壞資源品質的污染物質和能量必須預防其產生，若無法完全防止它們的產生，則在產生後必須加以清除，這叫做污染防治 (pollution prevention and control)。持續性的經濟發展是維持人類長期生存的唯一途徑，污染防治和資源保育則是達到持續性經濟發展的兩個基本策略。

8.1 污染的來源與類別

污染物質的來源和種類很多，它們在產生後可能於空氣、水、土壤、和生物體之間互相輸送，在輸送過程中亦可能發生物理或化學的轉變。以下就空氣污染，水污染和輻射污染來討論。

空氣污染

空氣污染來源包括自然程序形成的，像是花粉顆粒、鹽類噴霧、森林火災之黑煙粒子，及火山爆發物。而人為的污染來源則有不動的燃燒設備、運輸、工業，及固體廢料處置鹽等。將空氣污染種類，來源影響列於表 8.1。圖 8-2 則是汽機車所帶來的空氣污染，以及圖 8-3 由發電廠所帶來的空氣污染不容忽視。

目前，由於冷凍劑大量使用，其中所含的氟氯碳化合物會破

表 8-1 空氣污染種類、來源、影響

污染物種類	污染物來源	污染物影響
碳氫化合物 (CnHm)	燃燒、化學過程排出物	致癌性，妨礙植物生長，與氮氧化物、臭氧反應產生煙霧
一氧化碳 (CO)	汽、機車排出物	降低血中溶氧量，頭痛，嚴重的話可致死
二氧化碳 (CO_2)	燃燒	累積在對流層，氣候變化和此有關
二氧化硫 (SO_2)	石化燃料燃燒	傷害動植物，腐蝕金屬及建築物，使水質變酸，造成酸雨
氮氧化物 (NOx)	燃燒	阻礙植物生長，刺激眼及鼻腔黏膜，氮氧化物、臭氧與碳氫化合物之混合物經太陽光照射產生光煙霧

壞大氣中的臭氧成份，造成南極上空的臭氧層已出現一個破洞。根據觀測，研究人員確認了南極上空的臭氧洞 (ozone hole) 於 2000 年 9 月達到最大，是 1984 年臭氧洞剛被發現時的 23 倍強。臭氧層的濃度依季節規則變化，每年 9～10 月 (相當於南極的春天) 變得最大。

圖 8-2　汽機車所帶來的空氣污染　　　　圖 8-2　由發電廠所帶來的空氣污染不容忽視

　　由於臭氧層可以在地球上空吸收傾瀉到地球的紫外線，如果生物被紫外線照射，則罹患皮膚癌機會就會增加。那麼，是什麼破壞了臭氧層呢？元凶就是氟氯碳化合物 (CFC，chlorofluoro-carbon)。CFC 被廣泛使用在空調和冷凍裝置中的冷媒及噴霧劑、發泡劑等用途。1970 年代後半葉，美國加州大學化學家 F. Sherwood Rowland 教授與 Mario Molina 博士發現這些物質會破壞臭氧層，並以實驗確認，其破壞臭氧層的反應情形如下所示。第一類是超音速飛機的廢氣

$$\begin{array}{l} NO+O_3 \rightarrow NO_2+O_2 \\ \underline{NO_2+O \rightarrow NO+O_2} \\ O_3+O \rightarrow 2O_2 \end{array}$$

第二類則氟利昂 -11 (CFCl$_3$) 和氟利昂 -12 (CF$_2$Cl$_2$) 解離生成的氯原子是平流層中氯原子的主要來源。

$$\begin{array}{l} Cl+O_3 \rightarrow ClO+O_2 \\ \underline{ClO+O \rightarrow Cl+O_2} \\ O_3+O \rightarrow 2O_2 \end{array}$$

另一個空氣污染帶來的影響，便是地球溫暖化現象，它是由大氣中二氧化碳、甲烷等溫室效應氣體的增加而產生。根據「有關氣候變化政府間協調小組」(IPCC) 於 1995 年提出的第 2 份報告，預測到了 2100 年時，地球年平均氣溫將上升 2 ℃，海面將升高 50 公分，地球之所以溫暖化是因為進入地球表面的太陽輻射，經地表面吸收後變為熱能。地表面輻射，經地表面吸收後變為熱能，地表面輻射出紅外線，部份紅外線逸於太空中，部份紅外線則為溫室效應氣體所吸收，而促使地球溫暖化。

　　溫暖化會影響各地的自然生態系、水資源、農業、沿岸地區、人類居住及健康，且大部份是負面影響。以下部份列出所受的影響；(1) 非洲旱災更趨嚴重。(2) 阿爾卑斯山區的冰河將會消失。(3) 亞馬遜河流域降雨量和流量俱減，大大破壞了生態系，大麥、小麥、玉蜀黍等農業生產也因而減少。(4) 海平面上升，發生嚴重浸水，淹沒並侵蝕海岸、颱風和異常高潮等災害。(5) 對人體健康產生直接性及間接性影響，直接性則為熱浪酷暑等狀況，而間接性影響則有瘧疾感染地區的增加，及感染人數增加等。

　　以前「臭氧層破壞」與「地球溫暖化」被當成不同的問題來思考，但現在美國航空暨太空總署 (NASA) 根據衛星觀測所得數據分析，發現溫暖化會使臭氧洞擴大。因為近地表處若溫暖化，上空平流層將與近地表處相反，溫度會降低，水蒸氣也會增加，而加速破壞臭氧層。

水污染

　　雖然地球上有 70% 的海洋，但人體每天大約需要 2 公升的水來維持正常的生理需求，但目前世界各地有許多河流湖泊都已

圖 8-4　左：河川水污染情形。右：高山農業活動往往造成水庫水質優養化 (德基水庫)

被污染，只是水不像其他礦物資源，乾淨的水是可以再生的。

水中除了天然污染物外，可將水污染來源分成工業及家庭廢水。以下就四項 (1) 磷酸鹽及其他營養物 (2) 鹽類及重金屬 (3) 熱污染 (4) 懸浮微粒來討論。

磷酸鹽及其他營養物：肥料、清潔劑中磷酸鹽排入水中而產生「優養化」現象，使藻類、細菌及水生植物大量生長，另外營養物中含氮者 (硫酸銨、硝酸銨、硝酸鉀、硝酸鈣……等)，因水中生物快速繁殖結果，使得水中厭氧細菌取代好氧細菌導致河流、湖泊死亡。

鹽類及重金屬：重金屬是具有潛在危害的污染物，無法被微生物分解。鹽類及重金屬污染物由工業廢水、殺蟲劑 (農藥) 及水流經土壤或岩層時，溶解並析出。影響水中生物，農作物枯萎、漁牧業受危害，影響環境品質及人類健康。

熱污染：水溫升高對水中魚類造成傷害，使藻類、水生植物大量繁殖，如工廠及核能電廠產生之廢水，使得水中大型生物無法生存。

懸浮微粒：森林砍伐，市鎮開發、耕種、開挖礦產等，都將使得河川及湖泊水中懸浮物大量增加，其中又以市鎮的開發所造成水污染的現象最嚴重。

輻射污染

環境中的放射性物質有兩類來源：天然放射性物質及人工放射性物質。自然放射性物質，如鈾、鐳、鈰、氡、碳－14 等。這些天然放射性物質所造成的輻射劑量不高，對人類生存不致造成影響。

倒是由核能發電廠、核爆試驗所造成的人工輻射污染，要值得注意。像是 1986 年 4 月 26 日蘇俄的車諾比爾核能電廠爆炸，及二次世界大戰，廣島和長崎兩地因高能量的輻射線而破壞了原有的生態環境，使得動、植物的生存因此大受影響。而核原料 $^{235}_{92}U$ 分裂後所生成的分裂物具有放射性，此物質若處理不當很容易造成無法彌補的傷害。

8.2 環境污染對生態的衝擊

人類所製造的各種環境污染，不僅直接危害人類，也會對自然界的生態造成衝擊。這些污染物都是因為人類的活動產生的在自然界中無法分解、吸收之物質。其造成的影響是，輕者使生態系中抵抗力較弱的物種消失，重者將使整個族群滅亡。例如臺灣的河川遭污染後，水中往往只剩耐污染的吳郭魚，但污染嚴重時，連吳郭魚亦無法存活。

本節將舉國內外實例來探討環境污染對生態的衝擊。

油污染

1989 年 3 月 24 日，伍沃迪茲號油輪在阿拉斯加威廉王子海峽發生事故，漏出原油 1100 萬加崙，這是美國有史以來最嚴重的海洋污染事件。事發後數天，有二千多平方公里的海面為油層所覆蓋，並隨著風浪沖向海灘，在岸邊，許多海鳥正在作垂死的掙扎，因為牠們的羽毛一但沾上油污便失去防水能力，無法飛行和游泳，只有等待死亡。其他海洋動物如海獺、海豹、海象甚至鯨也同樣難逃一劫。

海面下情形也一樣悽慘。石油本身所含的毒性 (如苯、甲苯) 可能直接或間接的殺死水中生物。其次，石油比水輕，會浮在水面上形成廣闊的油膜而使水中缺氧，陽光滲透率低，結果造成水中生物，尤其是海洋中的主要生產者浮游性藻類大量死亡。即使未死亡的生物也可能因油污而在體內累積毒素，並經由一層層的食物鏈而累積在高層的消費者體內，造成海洋生態的浩劫。由於世界上大部分的石油都是經由海上航道運輸，而層出不窮的油輪碰撞、觸礁或輸油管破裂等意外已使得石油成為海洋污染的主要原因之一。

在臺灣，油污染事件亦時有發生，1977 年布拉哥號油輪在基隆外海觸礁，二萬噸原油污染了北海岸的石門、野柳、基隆，甚至遠在東北部的三貂角、龍洞皆受影響。最近而令人記憶猶新的一次則是 2001 年元月在鵝鑾鼻海域的阿瑪斯號貨輪擱淺事件，自船體漏出的燃油嚴重污染了龍坑生態保護區珍貴的珊瑚礁海岸。

紅　潮

　　紅潮亦名赤潮，是由於水中營養鹽過多使得浮游生物大量繁衍而令海水變色的現象。造成紅潮的浮游生物以甲藻類為主，牠們大量繁殖佈滿在海面上，不僅使海水變成怪異的紅色、棕色，更釋出毒素造成水中生物大批死亡，人若食用了受污染而含有毒性的魚、貝等水產，也會發生中毒現象。

　　紅潮的發生常和人類污染海洋有關。當富含有機物、無機鹽的工業廢水或家庭污水排放入海後，使得局部海域的水質富含營養，便引起了浮游生物的大量繁衍。在海水交換不良的近海淺水海灣及被陸地包圍的內海是最常發生紅潮之處，如日本的瀨戶內海在 1966～1980 年間便發生紅潮 2589 次，平均每年有 172 次之多！1998 年，在香港發生的紅潮更造成四分之三的養殖漁業暴斃，漁民損失慘重。由以上數例可以看出，人類污染海洋所引起的紅潮，不但危害海中生態，更造成經濟上的重大損失。

酸　雨

　　酸雨對生態環境的危害主要是在湖泊及森林方面。

　　當酸雨落在森林，首先會傷害植物的葉，接著滲入地表後會使土壤酸化，降低植物對礦物元素的吸收，使植物無法獲得充足營養，久而久之，植物遂因疾病，中毒和營養不良而死亡。歐洲和北美洲的森林是受酸雨危害最嚴重的地區，在 1982～1983 年間，西德著名的黑森林受損面積由百分之八遽升到百分之三十四；酸雨也摧毀了挪威、瑞典、奧地利、英國等許多國家的森林。在北美洲，加拿大的魁北克地區嚴重的有百分之九十的樹木枯死，平均也有百分之三十的森林受到酸雨的破壞。

　　酸雨若落在湖泊中，會改變湖水的 ph 值。生物對酸鹼度的變化十分敏感，當河水或湖水的 ph 值降到 4 以下的時候，除了少數藻類以外，其餘生物 (含微生物) 均無法生存。在挪威，已有二千多個湖泊沒有魚蝦；加拿大也有四千多個這樣的湖泊，還有許多原本盛產鮭魚的河川如今已不見魚蹤，這些都和酸雨的危害有關。

　　臺灣的工商業發達，所以也有酸雨的問題，以環保署公佈的空氣品質監測報告來看，臺灣地區的 15 個測站中，在 1998 年有 10 個測站的年降雨平均 ph 值在 5 以下，其中最低的是臺北縣的板橋和萬里，均只有 ph 4.5。平地如此，即使在山區也難以

倖免,像宜蘭太平山的翠峰湖早已是酸化湖泊,而陽明山國家公園的夢幻湖和墾丁國家公園的南仁湖也達酸化邊緣,值得吾人關注並及早籌謀對策。

以上介紹了環境污染對生態環境的衝擊。乍看之下,這些污染事件的受害者都是鳥獸、魚蝦、樹木,似乎和人類沒有什麼關係。然而,我們必須知道,人類位於食物鏈的頂端,我們丟棄在環境中的污染物,最後都可能透過一層層的食物鏈而「回收」到人體中。臺灣在 1986 年發生的西施舌中毒事件就是一個例子,當時高屏地區有人食用貝類海產「西施舌」而中毒,結果造成三人死亡。調查結果發現禍首原來是大量滋生在水產養殖池中的「微小亞歷山大藻」,這是一種有劇毒的甲藻。由於西施舌是以水中的浮游生物為食,於是許多微小亞歷山大藻便累積在西施舌的消化道中,其毒性並不影響西施舌本身,但當人吃了這些含毒的水產後卻受到嚴重傷害。

最後,我們可用一句警語作為本節的結束,即:人類任意污染環境,最後受害的往往就是人類自己!

8.3　污染防治與環境保護

自從第二次世界大戰結束以來,我國致力於經濟重建與產業發展。加上美援的協助,因而創造了今日臺灣的經濟規模。然而經濟成長的同時,卻忽視環境保護及生活品質的立法與執法。使得農工業生產者很容易將防治污染的私人成本轉化成社會成本,致使在這塊福爾摩沙有了農藥污染、空氣污染與水質污染等問題,這些污染破壞了我們的生活環境,對自然生態造成了莫大的恐慌。但是臺灣的生存有賴於經濟持續的成長,經濟成長有賴於產業繼續發展,為了永續發展,我們需要產業發展與環境保護兼籌並顧,因此污染的防治及環境保護的工作,便成為眼前人類生活中的共同目標,這樣企業才能永續發展,臺灣才能永續生存。

污染的防治可從兩個不同定點著手。一個是在污染物質或能量已經產生後才設法減低污染物的濃度。另一個則防止污染物質或能量的產生,也可以說在污染製造程序的入口處加以防治。以下介紹 (1) 空氣污染的防治 (2) 水污染的防治。

空氣污染的防治

大氣污染大致可分為三類:煤煙塵污染、硫氧化物污染、氮氧化物污染。這些污染主要是由煤、石油、天然氣等燃燒的燃燒引起的。大氣污染猶如人類用自己的手,扼斷了自己的生命之源。「解鈴還需繫鈴人」。防治大氣污染,主要努力是在組織管理和治理學術兩方面。

組織管理諸如合理的工業佈局、清潔的燃燒方法、集中的供熱措施、及時的擴散稀釋、合理的交通流量以及豐富的綠化造林等,如圖 8-5,森林有助於空氣污染物二氧化碳含量的減少。治理

圖 8-5　森林有助於空氣污染物二氧化碳含量的減少

技術包括硫酸煙霧的防治、光化學煙霧的防治以及氟化氫、硫化氫、氰化物的處理等。日本,美國等國家,已經將控制大氣污染的主攻方向逐步轉移到氮氧化物,為控制此氮氧化物之污染的採取措施包括使用含氮量少的原料,使用燃燒後會有較少氮氧化物的方法,像日本氮素公司採用液相吸收還原法來提取氮素,此方法可同時把硫氧化物和氮氧化物同時轉變為化肥硫酸銨,達到消除污染、保護環境、綜合利用的目的。另外科學家也研製一種裝在汽車上減少廢氣逸出的裝置和一種使內燃機排出物不形成氣體的方法。

空氣污染所造成的損害大大超過治理污染所需的全部費用,現在已有許多方法來改善目前的狀況,但最重要的還是需要人們一定要有改善環境的認識和決心。

水污染的防治

污水的來源主要是工業廢水、家庭廢水、農耕廢水排放。而水中的污染物包括病媒、懸浮微粒，輻射性物質，含重金屬化合物之類的水溶性無機物，可當植物養份的硝酸鹽和磷酸鹽，動物的排泄物和有機物。

今天污水的氾濫，使人類終於醒悟，必須淨化水源，才能為自己的生存提供必要的甘露。對水污染的治理是多方面的，一是對污水本身進行處理，加以淨化。二是減少污水排入水域，並從法治方面作出相應的規定。

圖 8-6 污水處理廠的設置，對控制水污染有很大的助益

除了以上所提各種污染源外，海洋中的石油污染，人們也在想方法加以清除。如美國弗吉尼亞洲科學家提出將液態氮噴撒在漂浮的石油上，使其凍結成顆粒，然後再運走。而德國科學家則發明了一種以聚丙烯為原料的特種海棉，可以完善地吸收漂浮在水面上的石油和其他有機液體，此海棉在吸收之後可將所吸收的石油榨出後再利用，而廢海棉則可燒毀，分解成二氧化碳和水。另外還有一種方法是使用無數極小的玻璃片，只有人的頭髮那麼厚，上面塗一層二氧化鈦。當石油洩露發生時，將幾十億這樣的玻璃片撒在水面上，它們會自動散開去；二氧化鈦、陽光以及水發生化學反應，產生一些在幾天內就能分解石油的物質。這種方法既迅速又便宜，對環境也安全。

8.4 自然保育

在地球上的自然資源中，那些非再生性的 (如石油、煤) 是無法永久供人類使用的，我們只能盡力節約使用或發揮資源的最佳功能。但對於森林、野生動物等可以生生不息的資源，我們便可以進行保育 (conservation)。不過，保育並不是要禁止一切利用，而是積極的以合理的方式來利用資源。例如，在漁業上，若對捕撈的方式、時間、數量等加以限制，則可使魚兒生養繁殖，每年均有魚可捕。反之，若是毫無限制的竭澤而漁，也許有一年、二年的大豐收，但以後可能再也沒有收穫了。由以上可知，保育的目標是維持自然資源的永續性，以供現在及未來的人類使用。

自然保育觀念在我國是近十餘年才興起，需要大家的支持與關心。例如棲息於大甲溪上游的「櫻花鈎吻鮭」是冰河時期孑遺的珍貴物種，政府已投下大筆經費、人力進行保育。或許有人會問：「花那麼多錢保護幾條魚做什麼？」在這裏，我們由幾個層面來看「為什麼要做自然保育」。

1. **道德的層面**：人類自詡為萬物之靈，而且，在地球上的生物中也唯有人類有高度文明與科技，就像一個家庭的家長，我們理應肩負起保護家庭成員的責任。
2. **實用的層面**：科學家估計，人類每天必須利用到四萬種生物，應用範圍從食物、醫藥、衣著、建材等都包括在內。長久以來，我們由大自然中取得生活所需並發掘靈感，如飛機的發明來自觀察鳥類的飛翔；盤尼西林 (青黴素) 的發明是看到實驗室中的青黴菌可抑制細菌生長而來的。所以，保護其他生物其實就是確保人類的永久利用，並且提供發明的靈感，是符合長遠利益的。

    我們目前使用的藥品中有許多即是來自大自然的。像是原產於馬達加斯加島的長春花 (*Catharanthus roseus*) 能產生兩種治療癌症的藥物 (見表 8.2)，其他的長春花類植物可能也有類似效果。可惜的是，在馬達加斯加所產的另外五種長春花中，有一種「*C. coriaceus*」正因棲息地破壞而步向滅絕之路。

    因此，自然保育還有一層嚴肅的意義，那就是，以我們目前的知識，有許多生物還不明瞭其用途，如果任其滅絕，我們便永遠無從得知其價值所在。

圖 8-7　植物提供許多藥物來源，圖為長春花，能提取癌症用藥

表 8-2　一些由植物體取得的藥物

藥　　物	植物來源	用　　途
咖啡因	茶	興奮劑
樟腦	樟樹	發紅藥
古柯鹼	古柯	局部麻醉劑
嗎啡	罌粟	止痛劑
奎寧	金雞納	抗瘧疾
紫杉醇	太平洋紫杉	抗癌
長春鹼、長春新鹼	長春花	抗癌
馬錢子鹼	馬錢子	興奮劑

3. **維護生態平衡**：大自然經過億萬年的演化，所有生物與生物，生物與環境間都維持著相生相剋，互依共存的平衡關係。若是人類造成某種生物消失了，某種環境改變了，都會破壞這種平衡。所以，我們在利用自然資源時必須謹慎的維護著生態的平衡。
4. **其他**：基於我們對健康、休閒的需求，也應該維持一個青山綠水，鳥語花香的大自然，使大家在閒暇時能親近山林、大海，舒緩疲憊的身心。

最後，自然保育已成世界潮流所趨，如果抗拒這股潮流等於自外於國際社會。像前幾年我國就因為「殺老虎」、「犀牛角」事件而使國家形象受損。雖然臺灣並不產犀牛、老虎，但卻因為民眾當街宰殺老虎販售及用犀牛角入藥而飽受指責。所幸，近年

來在大家努力下，此現象已有很大改善。(註)

※註：美國曾以我國執行犀牛、老虎保育不力為由，引用「培利修正案」於 1994 年 8 月開始對我施以貿易制裁。後因政府執行保育工作獲肯定，制裁於 1995 年 6 月解除，繼而在 1996 年 9 月由「觀察名單」中除名。

自然保育的行動及措施

近代自然保育運動興起於十九世紀的北美洲新大陸。美國首先在 1872 年成立了世界第一座國家公園—黃石國家公園，以保護自然環境為宗旨。其後全世界一百多個國家陸續設立了一千多座國家公園或同等的自然保護區。

我國則在 1984 年成立了第一座墾丁國家公園，其後陸續有玉山、陽明山、太魯閣、雪霸及金門國家公園的設立。在「國家公園法」中明文規定，國家公園的設立是以保育為主，其次才延

圖 8-8 位於恆春半島的墾丁國家公園是我國第一座國家公園

圖 8-10 玉山國家公園擁有東北亞最高峯—玉山 (標高 3952 公尺)

圖 8-9 太魯閣國家公園以高山、峽谷聞名

表 8-3　臺灣地區的國家公園

區　別	主要保護對象	面積 (公頃)	成立日期
陽明山國家公園	火山地形、草原、溫泉、蝴蝶、鳥類、兩棲類	11,456	1985.09
雪霸國家公園	高山、峻岩、森林、野生動植物	76,850	1992.07
太魯閣國家公園	峽谷、森林、瀑布、高山、溪流、野生動植物、史前遺跡	92,000	1986.11
玉山國家公園	高山、森林、野生動植物	105,490	1985.04
墾丁國家公園	海洋生態系、高位珊瑚礁、熱帶林、候鳥、蝴蝶	32,631	1984.01
金門國家公園	史蹟、鳥類、傳統建築	3,780	1995.10

伸到遊憩、教育的功能。由此可知，國家公園最主要是在提供一個保護性的環境，讓大自然生生不息，其功能和一般的都市公園、遊樂區是截然不同的。

除了國家公園以外，政府另依「文化資產保存法」設立了 18 處「自然保留區」；又依「野生動物保育法」劃定了 9 處「野生動物保護區」(1996 年止)。這些保護區構成了我國主要的自然保護區系統。

對於珍貴稀有的物種，亦採取加強保育的措施，在 1989 年，政府即依文化資產保存法公告了 34 種法定珍貴稀有動植物，牠們分別是臺灣狐蝠、臺灣黑熊、水獺、雲豹、赫氏角鷹、林鵰、藍腹鷴、帝雉、朱鸝、蘭嶼角鴞、褐林鴞、灰林鴞、黃魚鴞、百步蛇、玳瑁、高身鏟頜魚、寬尾鳳蝶、珠光鳳蝶、大紫蛺蝶、革龜、綠蠵龜、赤蠵龜、櫻花鉤吻鮭等 23 種動物及台灣穗花杉、台灣油杉、臺東蘇鐵、烏來杜鵑、紅星杜鵑、臺灣水韭、臺灣水青岡、南湖柳葉菜、蘭嶼羅漢松、清水圓柏等 11 種植物。依法令規定，任意捕獵、網釣、採摘、砍伐或以其他方式破壞這些珍貴稀有動植物的人，應處以三年以下有期徒刑，拘役或併科二萬元以下罰金。

有些保育行動必須經由跨國合作才能落實。目前有許多國際公約來促使各國共同防止熱帶雨林砍伐、保護經過其境內的遷移

圖 8-11　我國法定保護的珍貴動植物。左：黃裳鳳蝶，右：烏來杜鵑

性動物及規範瀕臨滅絕動植物之貿易等。又如對於全球共有之海洋、兩極、大氣之過度使用問題亦已引起國際注意，並展開各種行動保護之。

　　保育是一條漫長而永無止盡的路，需要全體國民的投入與關心。就個人而言，我們可以做的事有很多，例如到國家公園參觀時不濫採草木，用餐時不點保育類動物之山產野味。在生活上，像多購買再生紙產品、參與各種保育活動等都是我們能為自然保育運動奉獻的一份心力。

8.5　與地球和諧共存

　　在地球的 46 億年歷史中，起初是沒有任何生命的，直到三十多億年前出現最原始的生命後，演化之路由此展開，形形色色的生物登上舞台，而人類則是在數百萬年前才出現的。有一個比喻，如果將地球過去的 46 億年濃縮為一年，則人類是在 12 月 31 晚上的 11 時 57 分才登場的！

　　和整個地球的歷史比起來，人類雖然只算是個新生兒，但人類卻以其聰明才智而逐漸操控了環境和其他生物，使我們自詡為「萬物之靈」。三百多年前出現的工業革命更將人類帶進了全新的境界，工業社會的高度生產力，幾十年間創造的財富便抵得上過去幾千年的累積。但不幸的是，工業文明也將人類帶進巨大災難的邊緣，因為這個僅佔人類歷史 0.2% 的工業文明時期，其消耗掉的能量卻佔人類有史以來消耗能量的 99.9%！而在創造財富

圖 8-12 「大地反撲」令人類重新思考與大自然和諧共存的重要 (2001 年桃芝颱風後的臺中縣和平鄉雙崎)

的同時，我們也產生了許多無用的「垃圾」，其中有些造成污染的物質被排放到大氣、土壤、水域裡並且超過了自然的淨化能力，使得環境和生態都受到很大的傷害。

就芸芸眾生而言，「人」這種學名為 *Homo sapiens* 的生物原本只是地球上無數生物其中的一種，但如今人類儼然已經成為其他生物的主宰，例如許多生物因人類而絕種，有的生物則被人類進行基因改造。人類任意操控自然，不但可能改變億萬年來生物演化所遵循的自然法則，也可能為我們帶來災害。因此，我們必須體認，今日地球環境惡化是人類自己造成的，我們應該摒棄過去的「本位」思考模式，重新檢討人類和環境間的相互關係，建立起「環境倫理」的思考模式。亦即，人類不應該再急功近利，只謀求眼前的經濟發展而破壞地球環境，而應該考慮到生態體系的平衡和地球的永續存在。我們只有一個地球，唯有保持優良的環境品質才能提昇人類的生活品質，當我們能夠把環境當朋友看待，與地球和諧共存，人類才有明天。

習 題

1. 水中藻類、植物生長過盛，導致水中含氧量降低的現象為_____。
2. _____及_____是當今嚴重的環境問題。

3. _____ 及 _____ 會破壞臭氧層。
4. 熱污染帶來的影響：_____。
5. _____ 可取代氟利昂於冷媒上，減少臭氧層的破壞。
6. 空氣污染物中 _____ 和氮氧化物、臭氧形成光煙霧。
7. 我國現有的國家公園中，_____ 國家公園有美麗的珊瑚礁海域，而 _____ 國家公園則以火山地形聞名。
8. 臺灣在 1986 年發生海產「西施舌中毒」事件，造成中毒民眾死亡，其元凶是 (1) 矽藻 (2) 甲藻 (3) 綠藻 (4) 褐藻。
9. 關於酸雨對森林植物的影響，下列何者正確？(1) 會傷害植物的葉 (2) 可加強植物對礦物元素的吸收 (3) 使植物容易營養不良及患病 (4) 酸雨滲入地表使土壤酸化。
10. 2001 年元月，希臘籍貨輪阿瑪斯號在臺灣的何處擱淺造成漏油污染？(1) 野柳 (2) 花蓮 (3) 鵝鑾鼻 (4) 高雄港。
11. 請列舉空氣污染的種類。
12. 請列舉水污染的種類。
13. 試述身為學生，應當如何做好環境保護工作？
14. 試述全球暖化帶來的影響？
15. 試述臭氧層破壞帶來的影響。
16. 舉出一種研究方法可清除水中浮油。
17. 何謂紅潮？為何其形成常與人類污染環境有關？
18. 扼要敍述石油污染對海洋生態的危害。
19. 近年的桃芝颱風 (2001) 賀伯颱風 (1996) 均引起嚴重土石流，造成巨大的人命，財產損失，請你閱讀書報後闡釋這類災害形成的前因後果，並敍述我們未來應如何對待大自然，才能避免慘劇一再重演。
20. 「自然保育」的真諦是什麼？是否禁止一切開發，利用即是保育，試申述之。

參考書目

1. 王雲五等 (1975) 中山自然科學大辭典，臺灣商務印書舘。
2. 王鑫 (1992) 地形學，聯經。
3. 李佳芬 (1999) 化學，高立圖書。
4. 何春蓀 (1982) 臺灣地體構造的演變，經濟部。
5. 洪振芳 (2000) 近代科學的發展，臺灣書店。

6. 徐惠麗 (1999) 化學，文京圖書。
7. 張學文 (1999) 生物族群與群落，臺灣書店。
8. 張寶樹 (2001) 醫用保健物理學，國立編譯館。
9. 陳雲洸等編譯 (1999) 生物學，文京圖書。
10. 馮恭己 (1997) 科學簡史，三民書局。
11. 諸亞儂 (1991) 生物學，三民書局。
12. Douglas C. Giancoli. (2000). Phisics for Scientists and Engineers. Prentile Hall.
13. Levine, J. S., K. R. Miller. (1994). Biology: Discovering Life. D. C. Heath and Company.
14. Paul W. Zitzewitz. (1999). Phisics. Glencoe/Mcgrow Hill.
15. Uincent P. Coletta. (1995). College Phisics. Mosby.